D0205835

SPANISH 248.4 MAS
Mason, John.
Cae siete veces, levantate ocho

JOHN
MASON

CAE SIETE VECES LEVÁNTATE OCHO

CÓMO LOGRAR LO QUE TIENES POR DELANTE, PASE LO QUE PASE

PARK CITY LIBRARY
1255 Park Avenue
P.O. Box 668
Park City Utah 84060
Phone: (435) 615-5600

Copyright © 2015 por John Mason

Publicado por Worthy Latino, una división de Worthy Media, Inc.,
Brentwood, Tennessee 37027

WorthyLatino.com

Ayudando a conocer el corazón de Dios

ISBN: 978-1-61795-906-6

Título en Inglés: *Fall Seven Times, Stand Up Eight* publicado por Worthy Inspired, Brentwood, TN.

Este título está disponible en formato electrónico.

Todos los derechos reservados. Ninguna parte de este libro puede ser reproducida o transmitida de ninguna manera ni por ningún medio —sea electrónico, mecánico, fotocopiado, grabado— ni por ningún sistema de almacenamiento y recuperación (o reproducción) de información, excepto breves citas en reseñas impresas, sin permiso por escrito de la casa editorial.

A menos que se indique lo contrario, todas las citas de la Escritura han sido tomadas de la Biblia de las Américas © 1986, 1995, 1997 por The Lockman Foundation. Usada con permiso.

Las citas de la Escritura marcadas (NTV) son tomadas de la *Santa Biblia, Nueva Traducción Viviente*, NTV, © 2008, 2009 Tyndale House Foundation. Usada con permiso de Tyndale House Publishers, Inc., Wheaton, Illinois 60189. Las citas de la Escritura marcadas (RV60) son tomadas de la versión Reina-Valera © 1960 Sociedades Bíblicas en América Latina; © renovado 1988 Sociedades Bíblicas Unidas. Todos los derechos reservados.

Itálicas añadidas por el autor para más énfasis.

Diseño de tapa por Micah Kandros

Edición en español por BookCoachLatino.com

Impreso en los Estados Unidos de América

15 16 17 18 19 VPI 8 7 6 5 4 3 2 1

INTRODUCCIÓN

He tenido el privilegio de conocer a mucha gente exitosa a lo largo de mi vida. Y aprendí mucho de ellos. Recuerdo que cuando al principio me encontraba con estas personas, a medida que las conocía mejor me sorprendía por los muchos fracasos que habían tenido. Esos fracasos no los habían derrotado. Más bien, para la mayoría habían sido de inspiración, algo que los empujaba hacia un éxito mayor. Se levantaba, más inteligentes, más determinados que nunca. Puedes hacer lo mismo. Esa es una de las razones por las que escribí este libro: *Cae siete veces, levántate ocho.*

Todos cometemos errores. Todos vivimos fracasos. De hecho, los que alcanzan el éxito conocieron el fracaso más veces que la persona promedio. He visto que es mejor fracasar mientras haces *algo* que ser excelente *no haciendo nada*. El diamante con fallas vale más que un ladrillo perfecto.

A Dios no Le sorprenden tus tropiezos. Su amor, Su gracia, misericordia y perdón son mucho más grandes que los líos o desastres que hagas. Jamás nos ve como fracasos. Nos ve como personas que aprendemos. Y si no aprendemos de cada experiencia, sí fracasamos. Es una decisión que depende de nosotros: podemos decidir si vamos a usar el fracaso para hacer pie de nuevo, o si lo usaremos para tacharnos de la lista. Que este libro te sirva de guía en tu camino a la cima.

UNA MIRADA AL INTERIOR

CAPÍTULO 1

¿VAS A LOS TUMBOS, HACIA UN FUTURO INCIERTO?

Mi amigo Myles Munroe, ya fallecido, decía: «Hay algo que tienes que comenzar cuyo orden implica que debes terminarlo». Dios te ha creado, te hizo especial, para un propósito. Tienes una misión que nadie más puede cumplir tan bien como tú. De miles de millones de candidatos, eres el que tiene las calificaciones exactas. Tienes la combinación precisa que hace falta. Dios le ha dado a cada persona la medida de fe que necesita para que haga lo que Él le ha llamado a ser. Toda persona ha recibido dones.

Una persona nunca llega a ser lo que debe hasta que hace lo que debe estar haciendo.

Dios nos hace responsables no solo de lo que tenemos sino de lo que podríamos tener; no solo de lo que somos, sino de lo que podríamos ser.

El ser humano es responsable ante Dios de llegar a ser aquello que Dios le ha posibilitado ser.

«La altura de tus logros va a ser igual a la profundidad de tus convicciones. Busca la felicidad por sí misma y no la hallarás; búscala con un propósito y te va a seguir como la sombra que aparece con la luz del sol» (William Scolavino).

A medida que vas alcanzando tu propósito, será como un imán que te atrae, y no como un timbre que suena solo una vez. El destino atrae.

John Foster dijo: «Es algo lamentable no tener capacidad para responder, con cierto grado de certeza, a las simples preguntas de qué serás y qué harás».

El Dr. Charles Garfield añadió: «Los que rinden al máximo son los que se comprometen con una misión que les impulsa. Es muy evidente que les importa muchísimo lo que hacen, por lo que sus esfuerzos, energías y entusiasmo pueden rastrearse hasta esa misión en particular».

No serás libre hasta que te cautive la suprema misión de tu vida.

No te limites a orar pidiendo a Dios que haga tal o cual cosa. Más bien, ora porque Dios te haga ver su propósito.

William Cowper afirmó: «La única felicidad proviene de consumirnos a nosotros mismos en pos de un propósito».

Observa lo que declara Proverbios 19.21: «Muchos pensamientos hay en el corazón del hombre; mas el consejo de Jehová permanecerá».

Haz de saber que Dios está contigo y te proveerá lo que necesites para cumplir tu propósito. El Dios que hizo la boca también te proveerá el alimento.

Cuando las personas van en el rumbo correcto el destino las acompaña.

No te separes de tu propósito.
Es un ancla en medio de la tormenta.

La vida sin propósito es una muerte prematura.

El Salmo 138.8 dice: «Jehová cumplirá por mí: Tu misericordia, oh Jehová, es para siempre…».

Rick Renner comentó: «Lo único que puede apartarte de la voluntad de Dios es que te mires y digas: "No soy tanto, entre tantos"».

No puedes hacer nada en cuanto a la duración de tu vida, pero sí acerca de su anchura y su profundidad.

Aquello en lo que crees es la fuerza que determina lo que logras o no en la vida.

Puedes predecir tu futuro por el grado de conciencia que tengas respecto de tu propósito.

Hay demasiadas personas que saben de qué cosas huyen, pero no hacia qué están corriendo.

Ante todo, concéntrate en hallar tu propósito y luego enfoca tu atención en cumplirlo.

Si tienes un poderoso por qué, tendrás el cómo que necesitas.

Tu verdadero patrimonio es el propósito, no el dinero.

No hay viento a favor para un barco que no tiene destino.

Quien no tiene propósito es como un barco sin timón.

Aquello que busca tu corazón determina cómo vivirás.

La persona que no va a ninguna parte puede estar segura de que llegará a su destino.

Cuida tu propósito y el resto vendrá solo.

Si basas tu vida en un principio, ya has hecho 99% de tus decisiones.

El propósito hace lo que debe; el talento, lo que puede.

¿Estás pensando en actuar de tal o cual modo? Escucha a Marco Aurelio: «Sin propósito no debemos hacer nada».

Robert Byrne dijo: «El propósito de la vida es una vida con propósito».

El promedio de vida de una persona —con unos padres que preguntan hacia dónde va—, es de 20 años; y de 40 con un cónyuge que se cuestiona lo mismo; con unos deudos al final de ese período que se preguntan lo mismo.

Martin Luther King, hijo, declaró: «Si el hombre no descubre algo por lo cual morir, no tiene aptitud para vivir».

Abandónate, entrégate al destino.

CAPÍTULO 2

TEN EL CORAJE DE VIVIR. RENUNCIAR, RENUNCIA CUALQUIERA

Hace unos años en una conferencia que hubo en Hawái tuve la oportunidad de conversar con Peter Lowe. Ambos éramos disertantes allí. Él fundó los exitosos Seminarios *Get Motivated* [Motívate] y mientras conversábamos, comentó: «La característica más común que he hallado en todos los que tienen éxito es que han conquistado la tentación a renunciar». Una de las mejores formas de darte la oportunidad consiste en levantarte cuando has caído.

Como escritor tengo el privilegio de firmar muchos libros. Me gusta escribir una dedicatoria alentadora en cada uno de ellos antes de firmarlo, y una de las más frecuentes es: «¡No te rindas!».

«El mundo siempre te dará la oportunidad para que te rindas, pero solo el mundo diría que renunciar es una oportunidad» (Clint Brown). En momentos difíciles hay muchos que dejan de intentar y renuncian. La decisión de renunciar o seguir adelante es un momento definitorio en tu vida.

Te aseguro que… te asombrará el impacto que tiene tu persistencia.

Recuerdo que hace más de veinticinco años me sentí guiado a escribir.

No sabía qué hacer. Sí sabía que cada día se publican más de mil nuevos libros. Y sabía que el 70% de todos los libros no se leen jamás.

Si me hubieras dicho en mis años universitarios que hiciera una lista de 50 cosas que haría, jamás se me habría ocurrido poner que escribiría un libro. Pero lo empecé… y trabajé en ello casi dos años.

No tenía un público cautivo, ni las mejores calificaciones en Lenguaje (casi todas eran buenas o regulares). Lo que tenía era determinación y dedicación para completar lo que había empezado. Después de casi dos años, jamás olvidaré que a las 4.30 de la mañana escribí la última palabra del libro en mi computadora Apple IIC (128K) y caí rendido en la cama, sollozando… ¡lo había terminado!

Había terminado mi primer libro: *Un enemigo llamado promedio*. No podía saber que habría más de 600,000 lectores de todo el mundo que lo leerían, traducido a más de treinta idiomas.

A un libro por milla, ¡son veinticinco vueltas alrededor del mundo a la altura del ecuador!

¡Te asombrará el impacto que tiene tu persistencia!

Tu éxito comienza donde la mayoría se rinde. Presta mucha atención al momento en que los demás renuncian… porque esa es tu mejor oportunidad.

Una persona con compromiso, persistencia y paciencia siempre logrará más que mil que solo tengan interés.

Rendirse y fracasar siempre empieza con coartadas, justificaciones y autocompasión.

El que quiere hacer algo encuentra el modo; los demás, encuentran excusas.

Joel Budd observó: «No es el final, a menos que digas que lo es».

Richard Nixon meditaba, diciendo: «El hombre no está acabado cuando lo derrotan. Está acabado cuando se rinde».

Hay demasiadas personas que abandonan rápido, más rápido de lo que comenzaron. En vez de desistir, sigue lo que dice este proverbio inglés: «No caigas antes de que te empujen».

Margaret Thatcher entendía el principio de la perseverancia cuando aconsejaba: «Tal vez necesites pelear una batalla más de una vez para poder ganar».

Y David Zucker añadió: «Renuncia ahora y jamás lo lograrás. Si haces caso omiso de este consejo, ya recorriste la mitad del camino».

«¡No puedo!» es la conclusión del necio, del tonto. Escucha a Clare Booth Luce: «No hay situaciones sin esperanza, sino hombres que han perdido la esperanza ante la situación».

El almirante Chester Nimitz observó: «Dios, otórgame el coraje de no renunciar a lo que creo que es correcto, aunque yo mismo piense que no hay caso alguno». Renunciar es la tragedia más grande.

El famoso boxeador Archie Moore reflexionó: «Si no me levanto de la lona, pierdo la pelea». No hay nada ni nadie que pueda mantenerse en el suelo, a menos que decidas que no vas a levantarte. H. E. Jansen afirmó: «El hombre que gana tal vez haya sido dado por derrotado varias veces, pero no prestó atención al árbitro». Encuentra el modo de hacerlo, no la forma de *no hacerlo.*

Al haragán siempre le juzgan por lo que no hace. La decisión de renunciar o seguir adelante es un momento definitorio en tu vida. No puedes hacer retroceder el reloj. Pero sí puedes volver a darle cuerda.

La opción es sencilla: o te levantas y cuentas, o te quedas en el piso y será otro quien contará. La derrota no llega sino hasta que la admites. Tu éxito se mide por la audacia que tengas para seguir intentándolo.

CAPÍTULO 3

NO TE METAS EN PROBLEMAS POR HABLADOR

A veces tus peores enemigos, y tus amigos más confiables, son las palabras que te dices y repites en tu interior. Elige palabras positivas, motivadoras, amables. Pascal comentaba: «Las palabras amables no cuestan mucho. No causan ampollas en la lengua ni en los labios. De allí jamás se ha sabido que surjan problemas en la mente. Aunque no cuestan mucho, logran grandes cosas. Logran sacar lo bueno de los demás. También producen su propia imagen en el alma del hombre. Eso sí es bello».

Aprende lo siguiente, de la naturaleza: tus oídos no se cierran pero ¡tu boca, sí! Cuando discutas, y veas que las cosas se van calentando, sé sabio y apaga las llamas con el silencio. A veces hay que guardar silencio para que te oigan.

No hace mucho vi un pescado, montado como trofeo en una pared, con un letrero que decía: «Si hubiera mantenido la boca cerrada, no estaría aquí». ¡Es cierto! Lo que decimos es importante.

Job 6.25 nos recuerda lo siguiente: «¡Cuán eficaces son las palabras rectas!».

Quiero preguntarte algo: ¿Qué pasaría si modificaras lo que dices acerca de tu problema más grande, de tu mayor oportunidad?

«Las palabras "Yo soy" son poderosas. Cuídate de atarlas a lo correcto. Porque lo que afirmas de alguna forma logra volverse realidad en tu vida» (A. L. Kietselman).

Johann Lavater decía: «Jamás hables mal de alguien sin saber que es cierto y, si sabes que lo es, pregúntate para qué tendrías que decirlo».

Nuestra oración a Dios debe ser: «Oh Señor, por favor, llena mi boca con palabras valiosas y cuando haya dicho lo suficiente, házmelo saber con un tierno codazo de tu parte».

Proverbios 29.11 (RVA) dice: «El necio da rienda suelta a todo su espíritu».

No digas todo lo que sabes.

No permitas que tu lengua diga algo por lo que luego tenga que pagar tu cabeza.

La lengua humana está a pocos centímetros del cerebro pero cuando escuchas lo que dicen algunos, pareciera que estuviera a kilómetros de distancia. Es que la lengua corre más rápido cuando el cerebro está en punto muerto.

No te metas en problemas por hablador. Elige tus palabras con cuidado. Casi siempre sucede que cuanto menos digamos, mejor. Cuantas más palabras digas, más posibilidades hay de que tengas que tragarte algunas de ellas más tarde. Puedes decir más, diciendo menos.

Cuentan que un hombre ingresó en un monasterio en el que se permitía que los monjes pronunciaran solo dos palabras cada siete años. Pasados los primeros siete años el nuevo monje se encontró con el abad, y este le preguntó: «¿Cuáles son tus dos palabras ahora?».

«Mala comida», respondió el hombre, y volvió a guardar silencio.

Pasados siete años más, el abad volvió a preguntarle: «¿Cuáles son tus dos palabras ahora?».

«Cama dura», respondió el hombre.

Y siete años después —habiendo pasado veintiuno ya en el monasterio— el hombre volvió a reunirse con el abad por tercera y última vez. «¿Cuáles son tus dos palabras ahora?», le preguntó.

«Decidí renunciar».

«Bueno, no me sorprende», le dijo el abad, disgustado. «Desde que llegaste aquí ¡lo único que hiciste fue quejarte!».

Colosenses 4.6 aconseja: «Sea vuestra palabra siempre con gracia, sazonada con sal, para que sepáis cómo debéis responder a cada uno».

Sir Wilfred Grenfell dijo: «Expresa una palabra amable. Jamás sabrás hasta dónde llegará el bien que pueda producir».

La Biblia dice que hay vida y muerte en el poder de la lengua (Proverbios 18.21). ¿Cuáles son las palabras que tienen mayor efecto en ti? George Burnham dijo: «"No puedo hacerlo" jamás ha logrado nada. Pero "Lo intentaré" ha obrado milagros».

Si tus labios cuidas del error,
Observa cinco cosas con atención:
A quién le hablas, de quién hablas,
Cómo, cuándo y dónde.

W. E. Norris

Dicen que Napoleón afirmó: «Imposible es una palabra que solamente existe en el diccionario de los necios». ¿Qué palabras hay en tu diccionario?

¿Qué hay de lo que nos repetimos a nosotros mismos? Recuerda que la persona más importante con quien hablas cada día, eres tú. Así que cuídate mucho de qué cosas te dices.

CAPÍTULO 4

SÉ QUIEN ERES

Hace años trabajé para un hombre muy exitoso, un multimillonario que se hizo a sí mismo. No solo le iba bien, sino que era un tipo muy «singular». Es algo que puedes notar enseguida cuando lo conoces. No me llevó mucho tiempo ver que había una conexión entre su éxito y su singularidad.

Nunca olvidaré que un día estábamos hablando y le dije que era un tipo «diferente». Al principio su respuesta fue negativa: «¿A qué te refieres con «diferente»?». Al igual que muchas personas, pensó que mi calificación era negativa.

Por dicha, mi relación con ese jefe era buena y pude explicarle a qué me refería y por qué lo que decía era un elogio, algo bueno. Le dije que esa «diferencia» era una virtud sustancial para él y que casi todas las personas altamente exitosas, que conozco, no encajan del todo con los demás.

Bien, entonces se le iluminaron los ojos y cambió su expresión mientras yo lo elogiaba por ser diferente… en el buen sentido.

Siempre digo que uno de los mejores halagos que puedan decirte es: «¡Eres diferente!». Tienes que estar haciendo algo único, incomparable, incluso raro para que te digan algo así.

Por supuesto que no te estoy animando a que hagas cosas locas o bizarras. Lo que digo es que cuando te vuelves tú… te destacas. Hay demasiadas personas que no son más que copias de otros.

Como viajo con frecuencia a veces paso mucho tiempo en los aeropuertos. Y casi invariablemente, cuando estoy en uno observo que hay cantidad de personas que parecen estar apuradas para ir a ninguna parte. ¿No es increíble que tanta gente dedique su vida entera a emprendimientos o esfuerzos en áreas que nada tienen que ver con los dones y talentos que Dios les ha dado? Es asombroso, pero muchos pasan sus vidas enteras tratando de cambiar la forma en que Dios les creó.

Dios sabía lo que estaba haciendo cuando puso dones, talentos y puntos fuertes dentro de ti. 1 Corintios 7.7 (RVA) afirma: «Cada uno tiene su propio don de Dios». Marco Aurelio dijo: «Considera las excelencias que posees y, con gratitud, recuerda cómo las codiciarías si no las tuvieras».

Dijo Nathaniel Emmons: «Una de las principales razones por las que los hombres tantas veces son inútiles es porque abandonan su vocación o profesión, y dividen su atención desviándola hacia una cantidad de objetivos y metas». Siempre surgirá lo mejor dentro de ti cuando aproveches los mejores dones que Dios te ha dado.

William Matthews observó: «Un talento bien cultivado, profundizado, alimentado, vale más que cien facultades poco profundas».

Son demasiados los que solo consideran sus deseos o falencias y no piensan en sus talentos y capacidades. En lo profundo de ti, si eres músico dedícate a hacer música. Y si eres maestro, enseña.

Sé lo que eres y vivirás en paz contigo mismo.

William Boetecher declaró: «Cuanto más aprendas sobre qué hacer contigo mismo, y cuando más hagas por los demás, más aprenderás a disfrutar la vida en abundancia».

Haz lo que te sea más natural.
Yoruba afirmó: «No puedes impedir
que un cerdo se revuelque en el lodo».

«El noventa por ciento del dolor y la angustia del mundo proviene del desconocimiento que tienen las personas de sí mismas, ya que no conocen sus capacidades, debilidades y ni siquiera sus verdaderas virtudes».

Sydney Harris

De un eco no esperes nada original. Alfred de Musst.

«Qué glorioso y también qué doloroso es ser una excepción». Billy Wilder añade también: «Confía en tu instinto. Tus errores bien pueden ser propios y no de alguien más».

Abraham Lincoln reflexionaba: «Sea lo que seas, sé bueno en ello».

Robert Quillen observó: «Si cuentas todos tus activos tu balance siempre mostrará ganancia».

Aprovecha las oportunidades para usar tus dones. «Centra el foco en ti porque de ese modo la luz estará en tus talentos» (Baltasar Gracián).

Jamás te juzgues por tus debilidades. Concuerdo con Malcolm Forbes, que afirmó: «Hay tanta gente que sobreestima lo que no son y subestiman lo que sí son». Tienes más riqueza de la que piensas.

Dios te ama tal como eres pero te ama demasiado como para dejarte tal cual estás. Quiere que uses lo que tienes dentro. Destácate, no te conformes con mezclarte en la multitud. No copies a otros, no seas como el pájaro miná.

Los líderes son como las águilas, no andan en bandadas. Solo encuentras un águila a la vez. Elévate por encima de lo mediocre… sé un águila. «Las águilas suelen volar solas; los cuervos, los tontos y los estorninos andan en bandadas» (John Webster).

E. E. Cummings daba este consejo: «Ser nadie más que tú mismo en un mundo que se esfuerza día y noche por convertirte en los demás implica librar la batalla más dura que pueda pelear cualquier ser humano, y nunca dejar de luchar».

Sé tú mismo. ¿Hay alguien más calificado que tú para hacerlo?

CAPÍTULO 5

TU CARÁCTER MORAL ES TU LEGADO

Todos los días deberíamos preguntarnos: «¿Por qué me contrataría mi jefe (o un cliente) en vez de elegir a alguien más?» o «¿Por qué haría negocios conmigo alguien en lugar de elegir a mis competidores?».

Cuida tus acciones ya que se convierten en hábitos. Cuida tus hábitos puesto que forjarán tu carácter. Cuida tu carácter porque se convierte en tu destino» (Frank Outlaw).

Llevar una doble vida te hace más rápido a ninguna parte.

El carácter moral es el fundamento verdadero del éxito que vale la pena.

Una buena pregunta que podemos formularnos es: «¿Qué tipo de mundo sería este si todo el mundo fuera como yo?».

Eres un libro, sencillamente, que le cuenta al mundo algo sobre su autor.

John Morely observó: «Nadie puede trepar más allá de las limitaciones que le impone su propio carácter».

Jamás te avergüences de hacer lo correcto.

Lleva menos tiempo hacer lo correcto que explicar por qué hiciste lo incorrecto.

El carácter moral es algo que tenemos o que somos.

«Hay una diferencia infinita entre lo que está un poco mal y lo que está bien, entre lo bastante bueno y lo mejor, entre la mediocridad y la excelencia», dijo Orison Swett Marden.

Hay gente que intenta hacer cosas para sí. Y hay la que intenta hacer algo de sí misma.

Tryon Edwards afirmaba: «Los pensamientos llevan a propósitos y los propósitos llevan a la acción. Las acciones forman hábitos y los hábitos determinan el carácter. El carácter determina nuestro destino».

En Proverbios 22.1 (RVA) la Biblia afirma: «De más estima es la buena fama que las muchas riquezas».

Marco Aurelio exhortaba a «nunca estimar que te es ventajoso aquello que te haga romper tu palabra o perder el respeto por ti mismo».

W. J. Dawson aconsejaba: «No hace falta elegir el mal sino decidir que no elegirás el bien para avanzar rápido hacia lo malo. No hace falta que digas: "Seré malo". Con solo decir: "No elegiré el camino de Dios", ya habrás elegido el mal».

No existe tal cosa como el mal necesario.

Phillip Brooks dijo: «El hombre que vive en lo correcto y es recto tiene más poder en su silencio que otro en sus palabras».

La reputación de muchos no se condice con su carácter en medio de la oscuridad.

Si quieres cambiar tu carácter tendrás que comenzar por el centro de control: el corazón. Es inevitable la bancarrota espiritual cuando ya no puedes mantener el pago de intereses por tus obligaciones morales. A los hombres de poder se les teme. Pero solo gana tu confianza quien tiene carácter moral.

Henry Ward Beecher dijo: «Nadie puede decir si es rico o pobre debido a sus cuentas. Lo que hace rico al hombre es el corazón. Será rico según lo que sea, no según lo que posea».

Vive de modo que tus amigos puedan defenderte, sin que tengan que hacerlo jamás.

Piensa en estas palabras de Woodrow Wilson: «Si piensas en lo que debieras hacer por los demás, tu carácter se irá formando sin que hagas nada al respecto».

La excelencia en el carácter se demuestra cuando hacemos sin que nos vean aquello que haríamos cuando todo el mundo nos mira.

Hemos sido llamados a crecer como árboles, no como hongos.

Es difícil trepar hasta la cima cuando la estatura de tu carácter moral es baja.

El sermón más corto es el que predica la señal de tránsito que dice: Mantente recto.

Quiero preguntarte algo: El niño o la niña que fuiste alguna vez, ¿sentiría orgullo por el hombre o la mujer que eres hoy?

CAPÍTULO 6

NO SEAS TU PEOR ENEMIGO

El gran evangelista Dwight L. Moody decía: «Jamás conocí a nadie que me causara tantos problemas como yo mismo».

Sigue el consejo de mi querido amigo Dave Blunt: «No te interpongas en tu propio camino».

Ralph Waldo Emerson observó: «Es imposible que alguien te engañe a no ser que lo hagas tú mismo».

Si no logras controlar tu mente, ella te controlará.

Tu imaginación determina tu apertura al rumbo positivo.

Norman Vincent Peale dijo: «No levantes obstáculos en tu imaginación. Recuérdate que Dios está contigo y que nada puede derrotarle».

«Nuestros mejores amigos y nuestros peores enemigos son los pensamientos que tenemos respecto de nosotros mismos» (Dr. Frank Crane).

Ya no mires el lugar en que estás. Mira, más bien, el lugar en el que puedes llegar a estar.

La Biblia declara: «Porque cual es su pensamiento en su alma, tal es él» (Proverbios 23.7, RVA).

Fíjate bien en tus pensamientos. Porque se convierten en palabras y acciones antes que lo pienses.

Los malos pensamientos casi siempre te llevan a la angustia y la miseria.

Nadie podrá derrotarte, a menos que lo hagas tú mismo.

La imagen que tenemos de nosotros mismos establece las fronteras y límites de nuestros logros.

Charles Colton dijo: «Seguro que perdemos cuando luchamos contra nosotros mismos. Es una guerra civil».

Si dudas de ti mismo, escucha a Alejandro Dumas: «Quien duda de sí mismo es como el hombre que se enrola en las filas del enemigo y se alza en armas contra sí».

Tim Redmond observó: «No te traiciones a ti, ni a tu propósito».

«En la vida tenemos que ocuparnos, no de adelantarnos a los demás, sino en hacerlo respecto a nosotros mismos, romper nuestros propios récords, ganarle al ayer con el hoy, hacer nuestro trabajo con más fuerza que nunca» (Stewart Johnson).

Si quieres saber quién es el responsable de la mayoría de tus problemas, mírate al espejo.

Si pudieras darle una patada al responsable de casi todos tus problemas no podrías sentarte durante tres semanas.

Casi todos los obstáculos de los que se queja la gente están debajo de sus sombreros.

Luis XIV comentaba: «Poco hay que se resista al hombre que se conquista a sí mismo».

La sabiduría de la Biblia aconseja: «Como ciudad derribada y sin muro, es el hombre cuyo espíritu no tiene rienda» (Proverbios 25.28).

«Tu futuro depende de muchas cosas, pero principalmente de ti» (Frank Tyger).

Quizá logres el éxito aunque nadie crea en ti, pero no podrás alcanzarlo si no crees en ti mismo.

Lo que sorprende es que a veces, aquello que creemos es nuestro mayor defecto o debilidad puede convertirse en una maravillosa fuerza. Por ejemplo, mira la historia de un niño de diez años que decidió aprender judo a pesar de haber perdido su brazo izquierdo en un terrible accidente automovilístico.

El niño empezó a tomar lecciones con un viejo maestro japonés de judo. Le iba bien, pero no podía entender por qué, después de tres meses de entrenamiento el maestro solo le había enseñado un movimiento.

«Sensei», dijo por fin el niño, «¿no tendría que estar aprendiendo más movimientos?».

«Este es el único que sabes, y el único que necesitarás saber», le respondió el sensei.

Aunque no entendía del todo a su maestro pero creía en él, el niño siguió entrenando. Varios meses después el sensei lo llevó a su primer torneo.

Para sorpresa suya el pequeño ganó fácilmente sus primeros dos encuentros. El tercero fue más difícil pero tras varios minutos su adversario se impacientó y atacó. El pequeño usó con gran habilidad su único movimiento y ganó. Asombrado por haber ganado, llegó a la ronda final.

Esta vez, se enfrentaba a alguien más grande, más fuerte, con más experiencia. Y durante parte de la pelea, parecía que el niño iba a perder.

Preocupado porque pudiera salir lesionado el árbitro marcó una pausa. Iba a detener el encuentro, pero el sensei intervino.

«No lo haga», dijo el maestro. «Deje que continúe».

A poco de reanudarse la lucha su adversario cometió un grave error: bajó la guardia. Y al instante el pequeño usó su única técnica para inmovilizarlo. Había ganado el encuentro, y el torneo. Era el campeón.

Camino a casa, el niño y el sensei repasaron cada uno de los movimientos en cada uno de los encuentros. Entonces el pequeño se armó de coraje y formuló la pregunta que giraba en su mente.

«Sensei, ¿cómo fue que gané el torneo con un único movimiento?».

«Ganaste por dos razones —contestó el Sensei—. Ante todo, dominas casi como maestro uno de los movimientos más importantes del judo, para derribar al otro. Y en segundo lugar, la única defensa conocida para ese movimiento es que tu adversario te tome del brazo izquierdo».

La falta más grande del pequeño se había convertido en su más importante ventaja, su fuerza esencial.

Tu mundo existe primero dentro de ti. Marriane Crawford dijo: «Todo hombre lleva consigo el mundo en el que tiene que vivir».

¿Te perturba cuando oyes hablar de Dios? «Cuando Dios hable, tu mente será tu mayor enemigo» (Bob Harrison).

¿Te enfrentas a grandes obstáculos en tu vida? James Allen responde a eso: «Tú mismo eres tu mayor desventaja. Eres quien tiene que elegir tu lugar».

Recuerda que serás tu propio médico cuando tengas que curarte las dudas, la cabeza y el corazón en llamas, así como también la dureza de tu actitud.

Zig Ziglar observa: «Lo que veas en tu mente, tu mente lo hará realidad. Si cambias las imágenes, automáticamente cambiará tu rendimiento».

Lo que sea que agregues a las palabras «Yo soy...», es lo que serás.

CAPÍTULO 7

ES MEJOR FRACASAR AL HACER ALGO QUE SER EXCELENTE EN NO HACER NADA

Un diamante con fallas siempre será más valioso que un ladrillo perfecto.

Cuando estés decidido, lo sabrás, y también lo sabrán los demás.

No te ahogas al caer al agua, sino al permanecer allí.

¡Levántate! «Porque siete veces cae el justo, y vuelve a levantarse; mas los impíos caerán en el mal» (Proverbios 24.16).

Las cosas buenas les llegan a los que las buscan.

La perseverancia es resultado de la voluntad firme. La obstinación resulta de la terca negación.

Montesquieu decía: «El éxito a menudo depende de que se sepa cuánto tiempo hará falta para alcanzarlo».

El secreto al éxito es: nunca defraudes y jamás desistas.

Muchas veces el éxito depende de seguir intentándolo un minuto más.

«Para terminar primero tienes que terminar primero» dice el campeón de automovilismo Rick Mears.

¿Quieres lograr algo en la vida? Sé como dice el picapedrero Jacob Riis: «Mira al cantero, martillando la roca tal vez 100 veces sin que se agriete siquiera. Y en el golpe número 101, se parte en dos. Sé que no fue ese último golpe el que lo logró, sino todos los que lo intentaron antes».

Joel Hause dijo: «Serás lo que determines. Decide ser algo en el mundo y lo serás. "No puedo" jamás ha logrado nada. "Lo intentaré" ha obrado maravillas y milagros».

Herbert Caufman añade: «Los intentos convulsivos no cuentan. El puntaje final no menciona el espléndido inicio si la línea de llegada muestra que solo fuiste uno de los que "también lo intentó"».

Ten en mente las palabras de Hamilton Holt: «Nada que valga la pena resulta fácil. La mitad del esfuerzo no produce resultados a medias, sino ninguno en absoluto. El trabajo, la labor continua y el esfuerzo son el único camino para alcanzar resultados que perduren».

La persistencia prevalece cuando todo lo demás falla.

Apocalipsis 2.10 dice: «Sé fiel hasta la muerte, y yo te daré la corona de la vida».

La verdad es que la persistencia es una planta amarga que da dulces frutos.

Joseph Ross afirmó: «Consume tiempo alcanzar el éxito porque este no es más que la recompensa natural de haberse tomado el tiempo para hacer bien las cosas».

Calvin Coolidge dijo: «"Sigue adelante" ha resuelto, y siempre resolverá, los problemas de la raza humana».

Santiago 5.11 dice: «He aquí, tenemos por bienaventurados a los que sufren».

Verás que las personas persistentes siempre asumen esta actitud: nunca pierden el juego, solo se les acaba el tiempo.

Todo avance espiritual es como un brote, un retoño al germinar. Primero hay un atisbo, luego paz, luego convicción, a medida que la planta echa raíces, crece y finalmente da fruto.

Compte de Buffon decía: «No pienses nunca que la demora de Dios es su negativa. Sigue adelante; insiste, resiste. La paciencia es genio».

Eclesiastés declara: «Mejor es el fin del negocio que su principio: mejor es el sufrido de espíritu que el altivo de espíritu» (7.8).

La victoria siempre llega a quien más persevera.

Ralph Waldo Emerson afirmó: «La gran mayoría de los hombres son paquetes llenos de comienzos».

Concuerdo con las palabras de Charles Kettering: «Sigue intentándolo. Lo más probable es que tropieces con algo cuando menos lo esperes».

No hay nadie que halle que la vida vale la pena. Somos nosotros quienes tenemos que hacer que lo valga.

Muchas veces el genio solo es otro de los nombres de la persistencia.

La persistencia es la cualidad que más hace falta cuando se agota. El exitoso va de fracaso en fracaso hasta que llega al éxito.

CAPÍTULO 8

CUANDO SE ES BUENO PARA PRESENTAR EXCUSAS ES DIFÍCIL SERLO EN CUALQUIER OTRA COSA

Casi todos podríamos aprender de nuestros errores si no nos ocupáramos tanto negándolos o justificándolos.

«Parece que en estos días quien admite estar equivocado llega mucho más lejos que quien demuestra estar en lo correcto» (Deryl Pfizer).

Las coartadas son a la productividad lo que el veneno es a la comida.

«En toda labor hay fruto; mas las vanas palabras de los labios empobrecen» (Proverbios 14.23).

«Hay hombres que tienen mil razones para explicar por qué no pueden hacer lo que quieren cuando lo único que necesitan, en realidad, es una sola razón que explique por qué sí podrían» (Willis Whitney).

Encuentra la razón que explique por qué puedes hacerlo.

Elimina todas tus coartadas. Las excusas son un terrible desperdicio de energía creativa y sobre ellas no se puede construir nada. Solo sirven para lamentarse. La verdad es que mil coartadas no llegan a pagar ni una sola deuda.

Vive de modo que la lápida de tu tumba diga: «Nada que lamentar».

Cuando el ganador se equivoca dice: «Me equivoqué». Cuando el perdedor se equivoca, dice: «No fue culpa mía». ¿Admites tus errores y dices «me equivoqué»? ¿O dices «no fue culpa mía?». El ganador da explicaciones. El perdedor siempre culpa a los demás.

Cuando se trata de presentar excusas el mundo está lleno de grandes inventores. Algunos pasan la mitad de sus vidas diciendo qué es lo que van a hacer; la otra mitad la pasan explicando por qué no lo hicieron. La coartada revela lo que no hiciste, esperando que los demás piensen que no hiciste lo que sí has hecho.

Podrás fallar muchas veces, pero no serás un fracaso hasta que culpes a los demás.

Nuestros errores no logran ayudarnos cuando culpamos a los demás.

Cuando usas excusas estás renunciando al poder que tienes para cambiar.

Tratas bien a los demás si no les culpas por tus errores o defectos.

«No importa a quién elogies. Lo que importa es a quién culpas» (Edmond Gosse).

Podrás caerte muchas veces pero te convertirás en fracaso el día que digas que alguien te empujó.

Si puedes hallar una excusa no la uses. Casi todos los fracasados son expertos en pretextos. Siempre habrá suficientes excusas para los débiles. El mundo sencillamente no tiene suficiente cantidad de muletas para tantas excusas rengas o malas. Siempre resulta más fácil encontrar alguna excusa en lugar de tomarnos el tiempo de hacer lo que no queremos.

La excusa es lo más improductivo que conozco. Mejor, encuentra un camino, en vez de una excusa. No hay excusa para el ser humano que está lleno de excusas.

Quien comete un error y luego encuentra una excusa para explicarlo, comete dos errores.

Fíjate en esta verdad: «El zorro critica a la trampa, no a sí mismo» (Blake). ¡No seas como el viejo zorro!

Jamás te quejes. Jamás expliques.

«Admitir los errores implica un borrón y cuenta nueva, y demuestra que has adquirido sabiduría» (Arthur Guiterman).

Siempre es más fácil hacer bien una tarea que inventar una coartada para explicar por qué no la hiciste.

El tiempo que se pierde en inventar excusas y coartadas sería más productivo si lo usáramos para orar, planificar, prepararnos y trabajar por las metas que tenemos en la vida.

Al diablo le encanta darte una excusa por cada pecado. La coartada no es más que una mentira. Sobre la falsedad no se puede construir el éxito.

CAPÍTULO 9

UNA PERSONA BIEN CENTRADA ES MAYORÍA

¡Es el foco lo que lo cambia todo!

La Biblia dice en 1 Corintios 9.25: «Todo aquel que lucha, de todo se abstiene».

El que mucho abarca, poco aprieta.

La mejor forma de centrar tu atención es jamás ubicar un signo de pregunta allí donde Dios ha puesto un punto y aparte.

«Si corres tras dos conejos, ambos escaparán» (anónimo).

Tim Redmond dijo: «No abarques mucho y aprietes poco. Más bien, sé como el apóstol Pablo, que escribió: "prosigo hacia la meta..."» (Filipenses 3.14). Aquello en lo que pongas el corazón determinará de qué modo vivirás.

Carl Sandberg decía: «Hay gente que quiere estar en todas partes al mismo tiempo y nunca llega a ningún lado».

Hay pocas cosas que le resultan imposibles a la diligencia y la concentración.

Dios no quiere el desorden, la falta de concentración, ni el desperdicio de dinero y recursos.

Concentra tu atención en algo, y luego aplica tu fuerza e impulso para lograrlo.

La concentración es la clave al éxito.

¿Cómo lograr lo que quieres? William Locke respondía a esa pregunta, diciendo: «Puedo decirte cómo lograr lo que quieres: mantén la mirada en algo y ve tras ello. No permitas que tu mirada se desvíe hacia la derecha o la izquierda, hacia arriba o hacia abajo. Y no mires atrás, porque es fatal».

Jesús nos advierte: «Ninguno puede servir a dos señores; porque o aborrecerá al uno y amará al otro, o estimará al uno y menospreciará al otro» (Mateo 6.24).

Si sirves a dos amos tendrás que mentirle a alguno de ellos.

Pregúntate lo siguiente: «¿A qué apunto en realidad?».

Delega, simplifica o elimina lo que no sea prioridad, lo antes posible.

Haz más, haciendo menos.

La causa principal del fracaso es la falta de concentración en lo que se busca.

James Liter afirmó: «La idea que da en el blanco es mejor que las tres que no se han disparado».

Hoy es fácil encontrar que estamos muy apurados, yendo hacia todas partes, corriendo por todo.

«Hay tan poco tiempo para el descubrimiento de todo lo que queremos saber sobre lo que realmente nos interesa que no podemos darnos el lujo de desperdiciarlo en cosas que solo nos importan de manera casual, o cosas en las que nuestro interés surge solo porque alguien nos dijo que debiera importarnos» (Alec Waugh).

Para quien no tiene su atención centrada en algo, no hay paz.

George Bernard Shaw escribió: «Dale a un hombre salud y un rumbo, y jamás se detendrá para preocuparse si es feliz o no».

Sabemos del éxito de Walt Disney. Quizá la clave de su éxito esté en su confesión: «Amo a Mickey Mouse más que a cualquier mujer que haya conocido». ¡Eso es concentración!

La leyenda del tenis Vic Braden afirmó: «Los perdedores tienen toneladas de variantes. Los campeones se enorgullecen de aprender a pegarle a la pelota siempre de la misma y aburrida manera, con la que ganan».

Piensa en lo que dijo George Robson tras ganar el Indianápolis 500: «Lo único que tenía que hacer era seguir girando a la izquierda».

Creo que solo encuentras la felicidad cuando estás en esa posición en que vas a algún lado con todo tu corazón, cuando tienes un rumbo sin lamentos o reservas.

Haz lo que estés haciendo cuando lo estés haciendo.

Cuanto más te compliques, menos efectividad tendrás.

Mark Twain decía: «Mira al tonto que dice: "No pongas todos los huevos en la misma canasta". Es otra forma de decir: "Esparce tu dinero y tu atención". El sabio, sin embargo, dirá: "Pon todos tus huevos en una misma canasta, y cuídala bien"».

La mejor forma de hacer muchas cosas es hacer una sola a la vez.

Los únicos que recuerda la gente son aquellos que han hecho algo excelentemente bien.

No seas como el hombre que dijo: «Sí que presto atención, pero a otra cosa».

CAPÍTULO 10

EL MUNDO ES DE LOS APASIONADOS

Mi amigo Neil Eskelin cuenta lo siguiente en su excelente libro *Yes, Yes Living In a No World* [Vivir el «Sí, Sí» en un mundo de «No, no»]: «Hablo de asistir al banquete de la ceremonia de premiación de la compañía Chase National Life Insurance. El disertante era el famoso autor de *Piense y hágase rico*, Napoleon Hill.

»Cuando presentaron a Hill, era obvio que había envejecido. Todos nos preguntábamos si el octogenario podría, físicamente, dar su discurso (murió poco después de ese evento).

»Napoleon Hill avanzó con lentitud hacia la tarima, apoyando las dos manos sobre los costados para sostenerse. Miró al público y anunció: "Señoras y señores, he dado este discurso cientos y cientos de veces en mi vida. Pero esta noche, lo pronunciaré mejor que nunca. ¡Será mi mejor discurso!".

»¡Ah! Fue como un choque eléctrico para el público. Vi cómo trescientas personas adultas se movían al borde de sus asientos y absorbían cada palabra como si fueran esponjas».

El entusiasmo siempre hace que los demás «se incorporen para prestar atención». Sin entusiasmo no se logra nada que importe. La pasión es la chispa de tu fusible.

«Piensa con entusiasmo, habla con entusiasmo, actúa con entusiasmo. No podrás más que ser una persona entusiasta. La vida adquirirá otro gusto, intereses más profundos, mayor sentido. Puedes hablar, pensar y actuar de manera que te salgas del aburrimiento, la monotonía o la infelicidad. Y ese mismo proceso te ayudará a inspirarte, a sentir entusiasmo, a hallar un gozo más profundo» (Norman Vincent Peale).

Podrás lograr casi cualquier cosa si tu celo por ello no tiene límites. El entusiasmo hace andar al mundo.

Tu pasión refleja tus reservas, tus recursos no explotados y hasta tu futuro también. Una de las cosas que diferencian a una persona de otra es su nivel de pasión.

Winston Churchill afirmó: «El éxito es ir de fracaso en fracaso sin perder el entusiasmo».

Jamás te elevarás a las grandes verdades y a las alturas, sin alegría ni pasión.

La Biblia dice en 2 Crónicas 31.21: «lo hizo de todo corazón, y fue prosperado».

«Nadie mantiene su entusiasmo de manera automática» (Papiro).

Alimenta el entusiasmo con nuevas acciones, nuevas aspiraciones, nuevos esfuerzos y nueva visión. Es culpa tuya si tu interés se esfuma. Porque no lo has alimentado.

¿Qué es el entusiasmo? Henry Chester responde: «El entusiasmo no es ni más ni menos que la fe en acción».

Hellen Keller afirmaba: «El optimismo es la fe que lleva al logro».

Nada puedes lograr sin esperanza o confianza en lo que haces.

No es nuestra posición o situación sino nuestra disposición lo que nos hace felices.

Recuerda que hay gente que en invierno se congela. Pero hay otros que esquían.

La actitud positiva siempre crea resultados positivos.

La actitud es algo pequeño que marca una diferencia grande.

La depresión, la falta de ánimo, el pesimismo, la falta de esperanza y aliento, el miedo... matan a más seres humanos que todas las enfermedades juntas.

No puedes dar lo bueno si tu corazón arrastra una carga pesada.

«Actuamos como si la comodidad y el lujo fuesen los requisitos más importantes de la vida cuando todo lo que nos hace falta para sentirnos jubilosos por algo es el entusiasmo por alguna cosa» (Charles Kingsley).

Hay gente que cuenta sus bendiciones, pero muchos otros piensan que sus bendiciones no cuentan para nada.

Hay una correlación directa entre nuestra pasión y nuestro potencial.

El entusiasmo muestra a Dios en nosotros.

Puedes ser la luz del mundo, pero el interruptor está en tus manos.

Es esencial ser positivo para lograr algo. Es ese el cimiento del verdadero progreso.

Si vives en la negatividad encontrarás que el viaje te hace sentir mal, como si sufrieras mareos en un barco.

La persona negativa ya está derrotada a medias, incluso antes de empezar.

Coincido con Winston Churchill, que señaló: «Soy optimista. No parece servir de nada ser cualquier otra cosa».

¿Alguna vez notaste que por muchas preocupaciones que tenga, el pesimista, siempre tiene lugar para una más?

Recuerda el proverbio chino: «Mejor es encender una vela que maldecir a la oscuridad».

Das Energi indicó: «Vota por tu vida. Vota ¡Sí!».

CAPÍTULO 11

LA VERDAD EXISTE. A LAS MENTIRAS HAY QUE INVENTARLAS.

Joey tenía nueve años cuando su madre le preguntó qué había aprendido en la escuela dominical.

—Bueno, mamá, la maestra nos contó cómo Dios había enviado a Moisés tras las líneas del enemigo en misión de rescate para sacar a los israelitas de Egipto. Cuando llegó al Mar Rojo, hizo que su ejército construyera un gran puente y todo el pueblo pudo cruzar a salvo. Luego habló por radio a los cuarteles generales pidiendo refuerzos. Enviaron a los bombarderos para que hicieran volar el puente. Y así todos los israelitas se salvaron.

—Ah, Joey. En serio, ¿fue eso lo que te enseñó la maestra? —preguntó su mamá.

—Bueno... no, mami. Pero si te contara lo que nos enseñó ¡jamás podrías creerlo!

El pequeño Joey, aunque con buenas intenciones, supo entonces que no se puede cambiar la verdad sin que lo que dices suene bastante improbable.

Cuando tuerces la verdad, ella te delata.

No hay límites a la altura que puede alcanzar una persona si se mantiene dentro de la verdad.

La honestidad sigue siendo la mejor política. Pero hoy hay cada vez menos personas que deciden aplicarla.

Dijo George Braque: «La verdad existe. A las mentiras hay que inventarlas».

Y Cervantes afirmó: «La verdad se elevará por sobre la falsedad, como el aceite sube a la superficie si lo mezclas con agua».

Las mentiritas inocentes dejan marcas de culpa en la reputación de quien las dice.

La verdad gana todas las discusiones, si logras aferrarte a ella lo suficiente.

Aunque no sea muy popular, la verdad siempre tiene la razón.

El hecho de que nadie quiera creer en algo no cambia el hecho de que es verdad.

Dos verdades a medias no necesariamente constituyen una verdad entera. Es más, cuídate de las medias verdades. Porque puedes haberte quedado con la mitad equivocada.

Verás que la mentira no tiene patas. Necesita apoyarse en otras mentiras.

La verdad es algo para lo que no hay sustitutos conocidos. No hay sustituto aceptable para la honestidad. No hay excusa válida para la deshonestidad.

«El pecado tiene muchas herramientas pero la mentira es la manija que encaja en todas», dijo Oliver Wendell Holmes.

Quienes se entregan a las mentiritas blancas pronto pierden la noción del color.

Podrás llegar a los confines del mundo diciendo mentiras, pero nunca podrás regresar.

La mentira no tiene patas que la sostengan. Le hacen falta otras mentiras.

Cada vez que mientes, incluso si dices una mentirita inocente, te estás empujando un poco más cerca del fracaso.

No hay forma correcta de hacer lo incorrecto.

Cada vez que eliges la honestidad te estás impulsando hacia un mayor éxito.

No hay nada tan sucio como una mentirita blanca.

La inocente mentirita empieza siendo de color blanco pero por lo general va creciendo hasta hacerse multicolor.

Puede parecerte que con una mentirita resuelvas el presente, pero quiero decirte que no tendrá futuro.

La única forma de ser verdaderamente libre es con la verdad. Juan 8.32 afirma: «Y conoceréis la verdad, y la verdad os libertará». La verdad es fuerte y prevalecerá.

La persona que anda en las sombras jamás produce una vida iluminada y brillante.

Herbert Casson expresó: «Muéstrame a un mentiroso y te mostraré a un ladrón».

Al mentiroso nadie le cree aunque diga la verdad.

George Bernard Shaw señaló: «El castigo del mentiroso no es que no le crean, sino que él no puede creerle a nadie».

Los mentirosos no tienen verdaderos amigos.

«Si mientes y luego dices la verdad, esa verdad se considerará mentira» (Sumerio).

El hombre honesto cambia sus ideas para que se ajusten a la verdad. El deshonesto cambia la realidad para que se ajuste a sus ideas.

La honestidad no tiene grises.

La Biblia dice: «Nunca se aparten de ti la misericordia y la verdad; átalas a tu cuello, escríbelas en la tabla de tu corazón» (Proverbios 3.3).

M. Runbeck dijo: «Nada hay sobre la tierra, con poder tan formidable, como la verdad».

Piensa en lo que afirmó Pearl Buck: «La verdad siempre entusiasma». Dila, entonces. Sin ella la vida es aburrida.

VIVE…

Vive… siendo único.
Vive… con confianza en ti mismo.
Vive… agradecido.
Vive… con decisión.
Vive… con misericordia.
Vive… con audacia.
Vive… siendo confiable.
Vive… siendo leal.
Vive… siendo excelente.
Vive… con esperanza.
Vive… orando.
Vive… siendo tú mismo.
Vive… feliz.
Vive… con fe.
Vive… manteniéndote firme.
Vive… con devoción.
Vive… con entusiasmo.
Vive… tomando conciencia.
Vive… centrando tu atención.
Vive… perdonando.
Vive… con entusiasmo.
Vive… con esperanza.
Vive… con propósito.
Vive… ayudando.
Vive… siendo amable.
Vive… con gozo.
Vive… con caridad.
Vive… dando amor.
Vive… siendo confiable.

Vive… con sabiduría.
Vive… en santidad.
Vive… con respeto.
Vive… siendo efectivo.
Vive… con creatividad.
Vive… siendo responsable.
Vive… con devoción.
Vive… siendo paciente.
Vive… con optimismo.
Vive… con generosidad.
Vive… decidido a levantarte de nuevo.

CAPÍTULO 12

HOY ES EL DÍA PARA EMPEZAR

En el juego de la vida no hay nada que importe menos que el puntaje en el medio tiempo.

«La tragedia de la vida no es perder, sino casi ganar» (Haywood Broun).

¡No abandones antes de que ocurra el milagro!

Robert Louis Stevenson comentó: «Los santos son pecadores que siguieron adelante».

La carrera no siempre tiene que ver con la velocidad, sino con la resistencia.

Hay gente que espera tanto que el futuro se va antes de que lleguen allí.

Hoy es el día para empezar; siempre es demasiado temprano para dejar de intentarlo.

Muchas veces no tenemos que entender, sino obedecer.
La forma más rápida de salir del pozo es obedeciendo a Dios.

Hay una razón por la que Dios te reveló la idea en este día.

«Es necesario obedecer a Dios antes que a los hombres» (Hechos 5.29)

Cuando optamos por seguir las ideas humanas no podemos oír las de Dios.

Hay una enorme diferencia entre una buena idea y una idea de Dios.

Lo que necesitamos es un reloj despertador que suene cuando llega el momento de estar a la altura de las circunstancias.

Pregúntate lo siguiente: «Si no actúo ahora ¿qué precio tendré que pagar luego?».

Cuando el que todo lo posterga finalmente toma una decisión, la oportunidad ya pasó, decía Edwin Markum.

«Cuando el deber llame a tu puerta,
Dale la bienvenida; porque si le pides que espere,
Se irá para volver una y otra vez,
Con más deberes acompañándole».

Lo que dejes para mañana, probablemente mañana también lo postergues.

El éxito es de quien hace hoy lo que otros piensan en dejar para mañana.

Cuanto más haragán es un hombre, más tendrá que hacer mañana.

«Todos los problemas se hacen más pequeños si en lugar de eludirlos y no mirarlos, te dedicas a confrontarlos. Si tocas tímidamente un abrojo te pincharás. Pero si lo tomas con fuerza en la mano, sus espinas se repliegan» (William Halsey).

Hay que ir tras las oportunidades con agresividad. Porque lo más probable es que ellas no vengan a tocar a tu puerta.

La razón por la que tanta gente no llega lejos en la vida es porque dejan pasar las oportunidades y se dan la mano con la postergación.

Dejar las cosas para después es el epitafio de la oportunidad.

Si desperdicias el tiempo desperdicias tu vida.

Cervantes reflexionó: «Por la calle del "ya voy" se va a la casa del "nunca"».

El perezoso no anda por la vida. Espera que los demás lo empujen.

«El sabio hace desde el principio lo que el tonto hará como último recurso» (Gracián).

«Algún día» no es un día de la semana.

No hacer nada es el empleo más agotador del mundo.

Cuando no empiezas tus dificultades jamás terminan.

Ocúpate de tu problema hoy. Cuanto más esperes, más grande se hará.

El que deja las cosas para mañana nunca tiene pequeños problemas, porque suele esperar hasta que su problema sea grande.

Casi todos los que se quedan sentados esperando que llegue su barco encuentran que no llega sin que lo anuncie un problema.

Lo que le llega al hombre que espera casi nunca será eso que ha estado esperando.

La tarea más difícil es la que ayer ignoraste.

El trabajo más duro suele resultar de la acumulación de cosas fáciles que nunca terminaste.

Postergar es el fertilizante que hace crecer las dificultades.

Sir Josiah Stamp decía: «Es fácil eludir nuestras responsabilidades, pero no podemos eludir las consecuencias de haber eludido nuestras responsabilidades».

William James reflexionó: «Nada fatiga tanto como esa tarea que no completaste y que queda eternamente pendiente».

El que demora la acción hasta que todos los factores sean perfectos no hará nada.

Jimmy Lyons afirmó: «Mañana es el único día del año que tiene atractivo para el perezoso».

La Biblia dice que no hay cosecha posible para el perezoso.

«Quien no tiene nada que hacer tiene una tarea mucho más extenuante que cualquier otra. Pero tengo más lástima por quien elude un trabajo que sabe que ha de hacer. Es cobarde… y suyo es el castigo» (E. R. Collcord).

Esculpe el futuro. No te limites a lijar las horas.

Cuando más tardes en actuar según te guía Dios, menos claro se te presentará todo.

Obedece al instante, actúa sin demora.

Para el tenaz siempre hay tiempo y oportunidad.

CAPÍTULO 13

LOS PEQUEÑOS PASOS SON UNA GRAN IDEA

Recuerdo una época de mi vida, hace ya muchos años, cuando me paralizaba el miedo de conocer qué era lo que Dios me había llamado a hacer. Me parecía una tarea tan enorme que no podía hallar fuerzas para enfrentarla. Un amigo vino a verme y me dijo dos palabras que me curaron de esa parálisis. Dijo: «¡Haz algo!». Y salió de mi casa. Ese día «hice algo». Entró el impulso en mi vida y empecé a correr hacia la visión que Dios tenía para mí. Esas dos palabras fueron un punto de inflexión en mi vida.

Si estás en un momento de parálisis en tu vida por lo que Dios quiere que hagas, hoy te digo: «¡Haz algo!». No te preocupes por el objetivo. Solo da unos pasos que te vayan llevando más allá del punto de partida.

Hay algo seguro: lo que no se intenta, no funcionará.

Lo más importante es empezar, aunque el primer paso sea el más difícil.

Concuerdo con Vince Lombardi: «Los campeones se hacen pulgada a pulgada».

Da ese pequeño paso, ahora mismo.

No ignores las cosas pequeñas.

Son esas cosas pequeñas las que cuentan: a veces un alfiler de seguridad tiene más responsabilidad que el presidente de un banco.

«Por Jehová son ordenados los pasos del hombre, y él aprueba su camino» (Salmos 37.23). Eso incluye los pasos grandes y los pequeños también.

Dale Carnegie decía: «No temas dar lo mejor de ti a lo que aparenta ser una tarea menor».

Cada vez que conquistas, te haces más fuerte.

Si haces bien lo pequeño, lo grande suele salir bien también.

Tu futuro llega hora a hora.

Thomas Huxley observó: «El peldaño de la escalera no es para descanso sino para permitir que vayamos poniendo los pies cada vez más arriba, uno a uno».

Habrá gente más inteligente, más instruida o más experimentada que tú, pero nadie es dueño exclusivo de los sueños, el deseo o la ambición.

La creación de mil bosques de oportunidad puede surgir de la semilla de una sola idea.

Todo logro, grande o pequeño, comienza con una sola decisión.

Hasta la estrella más pequeña brilla en la oscuridad a millones de kilómetros de distancia.

No te desalientes si logras progresar, por poco que avances.

Cuídate solo de quedarte sin hacer nada.

El éxito es la persona que hace lo que puede con lo que tiene, en el lugar en que esté.

Helen Keller decía: «Anhelo completar una tarea grande y noble, pero mi principal deber consiste en cumplir tareas pequeñas, como si fueran grandes y nobles».

Mi oración preferida es: «Señor, envía pequeñas oportunidades a mi vida para que pueda empezar a usar lo que pusiste dentro de mí, y a hacer lo que quieres que haga».

Toda la gloria proviene de atreverse a dar pequeños pasos.

Después de ser fiel en los pasos pequeños, mirarás atrás y podrás decir: «Todavía no llegamos allí donde queremos estar, pero tampoco seguimos allí donde estábamos antes».

Julia Carney dijo: «Son las gotitas de agua y los granitos de arena los que forman el poderoso océano y la hermosa tierra».

El autor Louis L'Amour escribió: «La victoria se gana, no en kilómetros sino en centímetros. Gana un poquito hoy, mantente firme y más tarde ganarás mucho más».

Dios a menudo nos da poco para ver qué es lo que haríamos con mucho.

«El mayor error es el que comete quien nada hace porque solo podía hacer poco» (Edmond Burke).

Es mejor la acción pequeña que la gran acción que no fue más que un plan.

«Y aunque tu principio haya sido pequeño, tu postrer estado será muy grande» (Job 8.7).

Creo que a Dios le importan por igual las cosas pequeñas y grandes de tu vida. ¿Por qué? Porque Él sabe que si eres fiel en lo pequeño, lo grande saldrá bien también.

Quien da importancia a lo pequeño tiene grandes oportunidades y alegrías. En la parábola de los talentos el amo le dijo al sirviente que usó lo que tenía: «Bien, buen siervo y fiel; sobre poco has sido fiel, sobre mucho te pondré; entra en el gozo de tu señor» (Mateo 25.23).

El premio de cumplir con un deber es la oportunidad de cumplir con otro más.

R. Smith afirmó: «Casi todas las cosas esenciales de la vida, que se convierten en puntos de partida del destino humano, son pequeñas».

Hay algo que domina el día de cada persona. Si la postergación trata de dominar tu día, haz que lo dominen los pequeños pasos hacia adelante.

Haz cosas pequeñas ahora y llegarán cosas grandes que requerirán acción de tu parte.

Pequeños pasos… ¡qué gran idea!

H. Storey observó: «Confía en que si has hecho bien algo pequeño, también podrías hacer bien algo grande».

Considera lo que dijo Pat Robertson: «No menosprecies el día de los pequeños comienzos porque podrías cometer todos tus errores de manera anónima».

Valora las pequeñas cosas. Algún día podrás mirar hacia atrás y ver que, en realidad, eran grandes.

Dante dijo: «De una pequeña chispa puede surgir una potente llama».

Recuerda mientras vas subiendo que el perro más grande fue cachorrito alguna vez.

CAPÍTULO 14

SI VES MUCHO HACIA ATRÁS, PRONTO IRÁS EN ESA DIRECCIÓN

El otro día presencié esta conversación. Una persona joven le preguntó a un hombre de mediana edad:

—¿Cuál era tu comida rápida preferida cuando eras pequeño?

—No existía —le informó el hombre—. Toda la comida era lenta.

—Vamos, en serio… ¿dónde comían?

—En un lugar llamado «en casa» —explicó el hombre—. Mamá cocinaba todos los días y cuando llegaba papá del trabajo nos sentábamos juntos a la mesa, en el comedor, y si no me gustaba lo que ponía ella en mi plato me permitían quedarme sentado allí hasta que me gustara.

Ojalá hubieras visto la expresión en la cara del chico. No tenía precio.

Me agrada escuchar a la gente. Específicamente, me gusta observar ese porcentaje de tiempo que dedican a hablar del pasado, el presente o el futuro. Y encontré que los que casi siempre hablan del pasado, suelen ir en esa dirección: hacia atrás. Quienes hablan del presente tan solo se mantienen. Pero los que hablan del futuro, crecen.

Hay personas que pasan tanto tiempo en el pasado que el futuro se va antes de que lleguen allí.

El futuro asusta solamente a quienes prefieren vivir en el pasado.

Vivir en el pasado es desperdiciar terriblemente el intelecto y la energía. Es como conducir el auto mirando por el espejo retrovisor. Esa forma de pensar produce fruto podrido.

No hay nadie que haya hallado prosperidad yendo hacia atrás. No podrás tener un mañana mejor si pasas todo el día pensando en el ayer.

El pasado siempre seguirá siendo lo que fue. Ya deja de tratar de cambiarlo.

Tu futuro contiene más felicidad que cualquier pasado que puedas recordar.

Cree que lo mejor está por venir.

Ya no mires dónde estabas, empieza a mirar dónde puedes llegar a estar. Tu destino y vocación en la vida siempre es hacia adelante. Nunca, hacia atrás.

Katherine Mansfield aconsejaba: «Haz que sea una regla en tu vida no lamentar jamás y nunca mirar atrás. El lamento es un enorme desperdicio de energía. No se puede edificar sobre él. Solo sirve para repetirlo, una y otra vez».

Considera lo que dijo el apóstol Pablo: «Olvidando ciertamente lo que queda atrás, y extendiéndome a lo que está delante, prosigo a la meta, al premio del supremo llamamiento de Dios en Cristo Jesús» (Filipenses 3.13-14).

Es más probable que cometas errores cuando actúas basándote solamente en experiencias del pasado.

Los pensamientos optimistas respecto del futuro no tienen espacio si tu mente está llena de pensamientos tristes acerca del pasado.

La mula se resiste muchas veces a caminar hacia adelante. Lo mismo sucede con muchas personas en nuestros días. ¿Te cuesta avanzar?

Phillip Raskin afirmaba: «El hombre que desperdicia el día de hoy lamentándose por el ayer, desperdiciará el mañana lamentándose por el hoy».

«Todo pasado fue mejor» es un dicho que te conviene aplastar.

Oscar Wilde decía: «No hay hombre lo suficientemente rico como para poder recuperar su pasado comprándolo con dinero».

Considera lo que afirmó W. R. Ing: «Los hechos del pasado podrían dividirse entre los que probablemente nunca sucedieron y los que en realidad no importaron mucho».

Cuanto más mires hacia atrás, menos avanzarás.

Qué razón tenía Thomas Jefferson: «Me gustan más los sueños sobre el futuro que la historia del pasado».

«Así era antes», una frase que vive de la reputación solamente.

Hubert Humphrey reflexionaban: «Esos buenos viejos tiempos en realidad no eran tan buenos. Créeme cuando lo digo. Los buenos tiempos son el hoy y los mejores son los del mañana. No hemos cantado todavía nuestra mejor canción».

Cuando te deprimas verás que es porque vives en el pasado. ¿Qué es lo que te muestra que te has estancado en la vida? El hecho de vivir en el pasado a expensas del futuro, porque dejas de crecer y empiezas a morir.

Observa lo que dice Eclesiastés 7.10: «Nunca digas: ¿Cuál es la causa de que los tiempos pasados fueron mejores que estos? Porque nunca de esto preguntarás con sabiduría».

Concuerdo con lo que aconseja Laura Palmer: «No desperdicies el hoy lamentándote por el ayer en vez de estar creando un recuerdo para el mañana».

David McNally afirmó: «No puedes cambiar tu pasado, pero sí tu futuro con las acciones de hoy».

Jamás permitas que el ayer consuma gran parte del hoy.

Es verdad lo que afirmaba Satchel Paige: «No mires atrás. Porque tal vez haya algo que se esté apoderando de ti».

«Vivir en el pasado es algo aburrido, solitario. Mirar hacia atrás tensiona los músculos del cuello, hace que tropieces con la gente que no van en la misma dirección que tú» (Edna Ferber).

La primera regla de la felicidad es: evita reflexionar demasiado sobre el pasado.

No hay nada tan lejano como la hora que ya pasó.

Charles Kettering añadió: «No puedes tener un mañana mejor si pasas todo el tiempo pensando en el ayer».

Tu pasado no iguala a tu futuro.

No hay futuro en el pasado.

UNA MIRADA AL EXTERIOR

CAPÍTULO 15

LOS OBSTÁCULOS SON OPORTUNIDADES

En una escuela privada de Washington había un problema singular. Muchas de las chicas de doce años estaban empezando a usar lápiz labial y se pintaban en el baño. Eso estaba bien. Pero después de pintarse los labios, besaban el espejo y dejaban docenas de marcas de labios pintados. Todas las noches el hombre de mantenimiento limpiaba el espejo. Pero al día siguiente, todo volvía a empezar.

Finalmente la directora decidió que había que hacer algo. Llamó a todas las chicas para que fueran al baño y se presentó allí con el encargado de mantenimiento. Explicó que las marcas de lápiz labial eran un gran problema para el hombre, que tenía que limpiar los espejos todas las noches (imagina a las princesitas bostezando).

Para demostrarles lo difícil que había sido limpiar los espejos le pidió al hombre que mostrara cuánto esfuerzo le demandaba. El individuo tomó un limpiavidrios con mango largo, lo mojó introduciéndolo en el inodoro y procedió a limpiar los espejos.

Desde ese día no hubo más marcas de labios pintados en los espejos.

Como vimos en el ejemplo, todo problema contiene la semilla de su solución. Solo hay que buscar la respuesta siendo creativos.

Los obstáculos son oportunidades para la creatividad. Cambia la forma en que ves los obstáculos. Están cargados de posibilidades. Si quieres el éxito, resuelve los problemas más grandes y descubre maneras de vencer a esos obstáculos mayores.

En medio de los problemas Dios quiere que crezcas, que avances. Las dificultades nos brindan la oportunidad de crecer, no de morir. Los obstáculos podrán hacer que por un tiempo te desvíes pero solamente tú tienes el poder de decidir que vas a detenerte y dejar de intentarlo. Todos los obstáculos nos revelan en qué creemos y quiénes somos. Son la forma de presentarnos ante nosotros mismos.

Tu lucha tal vez dure cierto tiempo, pero no será eterna.

Es una gran mentira pensar que no hay nada tan permanente como tu situación temporal.

Lo que te hace fuerte es la lucha, porque creces en medio de la adversidad, no del placer.

«Los momentos de calamidad general y confusión han producido las más grandes mentes. El más puro metal proviene del horno más caliente y el relámpago más brillante aparece en la tormenta más oscura» (Caleb Colton).

La puerta a la oportunidad se abre girando sobre las bisagras de la oposición.

Los problemas son el precio del progreso. Los obstáculos de la vida tienen como fin hacernos mejores. No permitamos que nos amarguen.

Los obstáculos no son más que un llamado a fortalecernos, no a renunciar a nuestra determinación para alcanzar objetivos dignos y valiosos.

Bob Harrison dice: «Entre tú y lo que sea importante, habrá gigantes en el camino».

Oral Roberts reflexiona: «No puedes producir renovación o cambio sin confrontación».

La verdad es que si te gusta lo fácil tendrás dificultades. Y si te gustan los problemas, tendrás éxito. La gente más exitosa es la que resuelve los más grandes problemas.

Cuando lleguen los obstáculos descubrirás cosas de ti mismo que jamás imaginabas. Los desafíos hacen que vayas más allá, que trasciendas lo promedio. Martin Luther King, hijo, señaló: «La medida que define al hombre no es el lugar en que se encuentra en momentos cómodos y convenientes, sino dónde está en momentos de problemas y controversia».

El primer paso necesario hacia la victoria es convertir el obstáculo en ventaja. Tu problema es lo que te hará progresar.

Si tus sueños no incluyen algún problema, entonces no tienes sueños.

Imita la actitud de Louisa May Alcott: «No temo a las tormentas porque estoy aprendiendo a navegar mi barco».

Samuel Lover expuso: «Las circunstancias gobiernan al débil, pero son instrumento en manos del sabio».

Los chinos tienen un proverbio que dice: «No puede pulirse la gema sin fricción, ni perfeccionarse el hombre sin dificultades».

Parece que hacen falta grandes tribulaciones para alcanzar la grandeza.

Creo que con cada obstáculo que enfrentamos la respuesta está en un versículo que Dios nos ha dado.

Mike Murdock dice: «Si Dios amortiguara cada golpe, jamás aprenderíamos a crecer».

En cambio, no permitas que tus problemas estén al mando. Toma el control y ponte al mando.

El problema que enfrentas es simplemente una oportunidad para que des lo mejor de ti.

Es un hecho: el conflicto es bueno cuando sabes cómo avanzar junto a Dios.

¿Qué actitud debemos tomar ante las dificultades? William Boetcker indicó: «Las dificultades y las luchas del hoy son solo el mejor precio que tenemos que pagar por los logros y la victoria del mañana.

Lou Holtz expresó: «La adversidad es solo otra forma de medir la grandeza de las personas. Jamás he tenido una crisis que no me hiciera más fuerte».

Dios nos promete un aterrizaje a salvo, no un viaje calmo.

La vida es tan incierta como un pomelo: nunca sabes cuándo te saltará una gota en el ojo.

Piensa en lo que dijo Sydney Harris: «Cuando oigo decir: "La vida es dura", me siento tentado a preguntar: "¿Comparada con qué?"».

Nos conviene enfrentar nuestros problemas. No podemos correr ni tan rápido ni tan lejos como para alejarnos de ellos.

Es mejor imitar la actitud de Stan Musial, famoso jugador de béisbol del Salón de la Fama. Al comentar sobre la forma de manejar una bola ensalivada, dijo: «Tan solo le pego al lado seco de la bola».

Charles Kettering afirmó: «Nadie habría cruzado el océano si pudiera haberse bajado del barco en medio de la tormenta».

Los campeones desayunan obstáculos, no cereal.

CAPÍTULO 16

CUANDO NO DECIDES NADA, ESTÁS DECIDIENDO

«Mi decisión es tal vez… y es definitiva». ¿Dices algo como eso? Ser una persona de decisión es algo esencial para vivir de manera exitosa. Si te niegas a comprometerte, ¿qué harás con tu vida? Todo logro, sea grande o pequeño, proviene de una decisión.

La decisión, no la suerte, es lo que determina el destino.

No puedes pegarte en el hombro con el bate.

Sin decisión no sucede nada de importancia.

Hay demasiadas personas que van por la vida sin saber lo que quieren, aunque se sienten seguras de que no lo tienen.

Herbert Prochnow dijo: «Hay un momento en que tenemos que decidir con firmeza qué rumbo tomaremos, porque si no lo hacemos, la implacable corriente tomará la decisión por nosotros».

Hay tanta gente que se parece a las carretillas, los remolques, las canoas. Siempre hay que empujarlas, tirar de ellas o remar para que avancen.

O mueves a otros a decidirse por algo, o ellos te moverán a ti.

Decide hacer algo ahora mismo que cambie tu vida para mejor.

La decisión es tuya. «En medio del camino no hay más que líneas amarillas y armadillos muertos», dice James Hightower.

La Biblia dice: «El hombre de doble ánimo es inconstante en todos sus caminos» (Santiago 1.8). Conozco personas que tienen triple ánimo, cuádruple ánimo… en realidad, no sé cuántos ánimos tienen. La dificultad no está en la diferencia que hay entre las personas, sino en la indiferencia. Es, de veras, un mundo de color beige.

Hay personas que son tibias, a medio cocer, inseguras, que no se comprometen. Si miras a tu alrededor pareciera que los tontos y los necios crecen aquí y allá sin que nadie los riegue. Son muchos los que viven la vida entera fracasando, sin darse cuenta siquiera.

David Ambrose observó: «Si tienes voluntad de ganar, has logrado la mitad de tu victoria. Si no la tienes, lo que logras es la mitad de tu fracaso».

Lou Holtz indicó: «Si no te comprometes por completo a lo que sea que estés haciendo, empezarás a pensar en salirte de ello apenas entre agua en el bote. Ya cuesta bastante lograr que el bote llegue a la orilla cuando todos reman juntos. Pero se hace más difícil cuando hay uno que se levanta y empieza a ponerse el chaleco salvavidas».

Cuando te comprometes definitivamente con algo, Dios también se mueve. Empiezan a sucederte todo tipo de cosas, que de otro modo nunca habrían ocurrido.

Edgar Roberts afirmó: «La mente humana es un enorme poder dormido hasta que lo despierta el enorme deseo, la firme resolución de hacer algo».

Kenneth Blanchard observó: «Hay una diferencia entre el interés y el compromiso. Cuando te interesa hacer algo, solo lo haces si conviene. Pero cuando te comprometes con algo no aceptas excusas sino resultados».

La falta de decisión ha causado más fracasos que la falta de inteligencia o capacidad.

La indecisión paralizará el fluir de tu fe.

La fe exige decisión antes de poder funcionar.

Todo logro, grande o pequeño, comienza con una decisión.

No todo lo que encuentres podrá cambiarse, pero nada podrá cambiarse hasta que se encuentra.

«Si vosotros no creyereis, de cierto no permaneceréis» (Isaías 7.9).

«Y si la trompeta diere sonido incierto, ¿quién se preparará para la batalla?» (1 Corintios 14.8).

Sin decisión tendrás el cimiento equivocado y no sabrás qué hacer.

Maurice Witzer afirmó: «Pocas veces obtienes lo que buscas, a menos que sepas de antemano qué es lo que quieres».

La indecisión suele darle ventaja al otro porque se ha ocupado de pensar con anticipación.

Hellen Keller expresó: «Tal vez la ciencia haya encontrado la cura para muchos males, pero no encontró el remedio para el peor de todos: la apatía de los seres humanos».

Josué nos anima: «...elijan ustedes mismos a quiénes van a servir» (Josué 24.15, NVI).

No dejes para mañana la decisión que debas tomar hoy.

Bertrand Russel señaló: «No hay nada tan agotador como la indecisión y nada tan fútil».

Joseph Newton reflexionaba: «No es lo que tenemos sino lo que usamos, ni lo que vemos sino lo que decidimos. Esas son las cosas que impiden o bendicen la felicidad humana».

Recuerda, no seas de los que andan por la mitad del camino, porque ese es el peor lugar para tratar de avanzar.

Puedes hacer lo que sea que tengas que hacer, cuando tomes la decisión.

Hoy, decídete por tu sueño.

CAPÍTULO 17

LA COMPARACIÓN NUNCA ES PRUEBA

Hace varios años me encontré con un amigo a quien conozco desde hace más de una década. Me miró y me dijo:

—John, veo todas las grandes cosas que Dios ha hecho en tu vida y que Él es la causa de que crecieras en todo sentido. Pero cuando empiezo a ver tu vida me lleno de dudas en cuanto a lo que Dios está haciendo en la mía.

Y añadió:

—Vi lo que Él hizo en tu vida y empecé a dudar de si Dios estaba obrando en la mía porque no he tenido el mismo éxito que tú.

Me volteé hacia él, lo miré y le dije:

—Bueno, si es verdad que te sientes mal porque Dios ha sido bueno conmigo entonces, ¿sería verdad que te sentirías mejor si me hubiera ido muy mal y mis fracasos hubieran sido terribles en estos últimos años?

Me miró perplejo. Y respondió:

—No. Eso no sería verdad.

—Bueno, si una cosa es verdad, la otra también lo es. Esto muestra que tu pensamiento no es preciso. Porque lo que sucede en mi vida no tiene nada que ver con lo que Dios está haciendo en la tuya.

Hay mucha gente que sabe muchísimo sobre la vida de los demás y muy poco sobre la propia.

Encontrarás que pocas veces Dios usará a aquellos que principalmente se interesan por lo que piensan los demás. Él te ama a ti tanto como a los demás. Y cada vez que ponemos la mirada en los demás, estamos desviándola del objetivo. Creo que Jesús veía que juzgar a otros era una terrible pérdida de tiempo. Veía que el juicio detiene el progreso. Juzgar a los demás siempre será un inhibidor de tu avance.

Tus defectos no desaparecen cuando señalas los ajenos.

Hay mucha gente con la errónea idea de que pueden hacerse grandes mostrando que otros son pequeños.

El hecho de que hagas brillar tu luz no necesariamente implica que tengas que apagar la luz ajena. Pero hay muchos que en lugar de dejar que su luz brille prefieren pasar el tiempo haciendo justamente eso. ¡Qué desperdicio!

«El líder es alguien con muchos logros. Lo que le aparta de los demás es que no deja que la oposición, los elogios o las comparaciones le desvíen de su camino», dice Tim Redmond.

Dios entra a cada persona por una puerta privada. A cada uno de nosotros nos guía por un sendero individual. No hay nadie que pueda construir su destino sobre el éxito de otro. Lo que el hombre pequeño busca lo tienen los demás, pero lo que busca el hombre superior está en Dios. No midas tu éxito por lo que los demás han hecho o dejaron de hacer.

Hay quienes tienen la inclinación a medir sus logros por lo que otros no han logrado. Jamás midas tu éxito según lo que hicieron o dejaron de hacer otras personas.

Puedes ser un termómetro o un termostato. O registras tu propia temperatura, o registras la ajena.

Pat Riley indicó: «No permitas que otros te digan lo que quieres».

Nadie puede edificar su destino personal sobre la fe o la experiencia de otro.

«No tomes como propia la definición de éxito de otra persona» (Jacqueline Briskin).

Si piensas que te va mejor que a la persona promedio, entonces eres una persona promedio. ¿Por qué querrías compararte con el promedio? Hay demasiadas personas que parecen saber cómo tienen que vivir los demás y no saben cómo vivir sus propias vidas. Tenemos que dejar de compararnos con los demás.

PREGUNTAS

¿Pones un signo de pregunta allí donde Dios ha puesto un punto y aparte?

Si te obligaran a llevar puesta una etiqueta de advertencia o precaución, ¿qué diría?

¿Eres tu propio obstáculo? ¿En tu camino hacia qué cosa?

¿Qué historia te gustaría que contaran tus nietos acerca de ti?

¿Qué es lo que importa en este momento?

¿Cuál es tu «por qué»?

¿Te quedas en el suelo o te levantas?

¿Te ocupas de los problemas que son más grandes que tú?

¿Dejas a los demás mejor de lo que los encontraste?

En tus oraciones, qué tan a menudo dices: «Ahora, Dios ¿qué puedo hacer para servirte?».

¿Crees en tus dudas y dudas de tus creencias?

¿De qué sirve ganar el mundo entero si se pierde la vida? (Jesús).

¿Qué pasaría si cambiaras las palabras que pronuncias acerca de tu más grande problema? ¿Y de tu mayor oportunidad?

¿Vale la pena el esfuerzo que estás haciendo por lo que quieres conseguir?

¿Centras la mirada hacia adelante?

Si lograras lo que quieres, ¿en qué estarías trabajando ahora?

¿Qué es lo que importa ahora?

¿Dirá la gente lo siguiente acerca de tu vida?: «No hizo nada en particular, pero le iba bien».

¿Cuánto tiene Dios de ti?

«Debería» y «haría»... ¿son tus obstáculos para tu «podría»?

¿Qué aprendiste hoy?

¿A quién amaste hoy?

Del dicho al hecho... ¿es verdad que hay mucho trecho? Responde según vivas cada día.

¿Qué postergaste hoy, que también postergaste ayer?

¿Renuncias al control de tu vida para entregarlo a otra cosa que no sea la fe?

Si no es ahora, ¿cuándo será?

¿Qué edad tendrías si no supieses cuántos años tienes?

¿Te estás aferrando a algo que mejor sería dejar?

¿Has hecho últimamente algo que valga la pena recordar?

Si tuvieras un amigo que te hablara como te hablas a ti mismo, ¿por cuánto tiempo permitirías que fuese tu amigo?

¿Por cuáles cosas te dan las gracias con más frecuencia?

¿A quién te hace falta perdonar?

Qué tan a menudo le preguntas a Dios: «¿Qué harás hoy? ¿Puedo ser parte de ello?».

CAPÍTULO 18

LA ACCIÓN MÁS PEQUEÑA ES MEJOR QUE LA MÁS GRANDE DE LAS INTENCIONES

Un hombre de mediana edad está ante las puertas del cielo. San Pedro explica que no es tan fácil entrar allí. Que hay ciertos criterios antes de que se le permita ingresar.

San Pedro le pregunta si era un hombre religioso, si iba a la iglesia. El hombre le responde que no. Y San Pedro contesta que eso es malo.

¿Fue generoso? ¿Dio dinero a los pobres? ¿Fue caritativo? Una vez más, la respuesta es negativa y San Pedro dice que eso no es bueno.

¿Hizo buenas acciones? ¿Ayudó al prójimo? ¿Algo, tal vez? La respuesta sigue siendo «No». Y San Pedro empieza a preocuparse.

Exasperado, Pedro le dice:

—Mira, todo el mundo hace algo bueno de vez en cuando. A ver... estoy tratando de ayudarte. ¡Piensa, piensa!

El hombre hace una pausa y dice:

—Bueno... había una ancianita. Yo salí de la tienda y vi que estaba rodeada de unos diez tipos en moto, de esos agresivos. Le habían robado la cartera, la empujaban, la insultaban... Me enojé, así que dejé mis bolsas y luché con los tipos. Recuperé su cartera. La ayudé a levantarse. Y después fui donde el más grandote y malo de los tipos en moto y le dije que era despreciable, cobarde, malvado... y lo escupí en la cara.

—¡Ah! —dijo San Pedro—. Eso es impactante. ¿Y cuándo sucedió?

—Oh... hace unos dos minutos —contestó el hombre.

Hay quienes hacen cosas mientras otros permanecen sentados volviéndose expertos en cómo habría que hacer las cosas. El mundo divide a las personas en dos categorías. Los que hacen y los que dicen que «van a hacer». Sé parte del primer grupo. Hay menos competencia allí.

Creo que el Señor no nos dio el trabajo como carga, sino como bendición.

Todos los hombres somos iguales en cuanto a nuestras promesas. Es en nuestras acciones donde está la diferencia (Moliére).

Los deseos nunca hicieron rico a nadie. Robert Half te lo dice bien claro:

«La pereza es el ingrediente secreto del fracaso, pero para el fracasado, es un secreto que permanece oculto».

Hay personas que piensan que la vida es un sueño vacío, porque jamás le han puesto nada dentro.

Toda vez que alguien expresa una idea hallará a diez más que lo pensaron antes, pero jamás actuaron.

Mark Twain dijo: «El trueno es algo bueno, impactante. Pero el que realmente hace la tarea es el relámpago».

La prueba de este libro es que el lector diga, no «qué libro inspirador», sino «¡Voy a hacer algo!».

Ninguno de los secretos del éxito funcionará a menos que te pongas en movimiento.

No podrás alcanzar tu destino con una teoría. Para eso hace falta TRABAJO.

Has sido creado para la acción. Es mucho más natural eso que permanecer sentado. El éxito toma las buenas ideas y las traduce en acciones.

Lo que significa el sistema de la libre empresa es que cuanto más emprendedor seas, más libre serás. Este país necesita menos énfasis sobre la parte que dice «libre», y más sobre la parte que dice «empresa».

Escucha a Shakespeare: «Nada puede provenir de la nada».

De nada vale una creencia si no se convierte en acción.

La palabra «trabajo» no es un confuso y misterioso término bíblico. Aparece unas 500 veces en la Biblia, y no se trata de un concepto misterioso. Muchas veces, la respuesta más simple a tus oraciones es: Ve a trabajar.

«Ve a la hormiga, oh perezoso, Mira sus caminos, y sé sabio; La cual no teniendo capitán, Ni gobernador, ni señor, Prepara en el verano su comida, Y recoge en el tiempo de la siega su mantenimiento» (Proverbios 6.6-8). No hay nada que hable más fuerte y claro que la trabajadora hormiga. Y sin embargo, no emite sonido.

«Buscar el éxito sin esfuerzo es como tratar de cosechar donde no plantaste» (David Bly).

Lo que crees no valdrá de mucho, a menos que te haga salir de la tribuna para entrar en el campo de juego.

No puedes soñarte tal como podrías ser. Te ganas el respeto por medio de la acción. La inacción hace que te pierdan el respeto.

La única vez que el perezoso logra algo es cuando intenta no hacer nada.

Hay un famoso dicho que lo expresa muy bien: «La pereza viaja tan lento que pronto se ve sobrepasada por la pobreza».

Quien desperdicia mucho tiempo hablando del éxito ganará el premio llamado fracaso.

Si eres perezoso, tendrás que trabajar dos veces para obtener la mitad de los resultados.

Siempre es difícil la vida para quien pasa el tiempo tratando de obtener las cosas sin hacer nada.

Dios no hace jugo de manzanas. Hace manzanas.

Algunos dicen que no hay nada imposible y, sin embargo, hay muchísima gente que no hace nada todos los días.

Algo para que te digas a ti mismo: «La inspiración no busca compromisos largos. Exige un matrimonio inmediato con la acción» (Brendon Francis).

La mayoría de nuestros problemas vienen de que no hacemos nada cuando debiéramos estar trabajando y del hablar cuando tendríamos que estar escuchando.

Hay un hombre en el mundo a quien
nadie rechaza, dondequiera que llegue;
En la poblada ciudad es bien recibido,
y también donde el agricultor recoge el heno;
Le saludan con placer en los desiertos de
arena y en lo profundo de las islas boscosas.
Dondequiera que va, una mano se extiende en bienvenida.
Se trata del hombre que lleva el bien allí donde vaya.

Walt Whitman

CAPÍTULO 19

LOS QUE NO TE HACEN CRECER, AL FIN TE HARÁN SER MÁS PEQUEÑO

Había una vez una princesa hermosa, independiente y segura de sí misma que halló un sapo en un estanque. El sapo le dijo: «Yo era un príncipe apuesto hasta que una bruja malvada me hechizó. Con un beso tuyo volveré a ser príncipe. Nos casaremos y podremos vivir en el castillo con mi madre. Podrás preparar mi comida, lavar mi ropa, dar a luz a mis hijos y ser feliz por siempre haciendo todo eso».

Esa noche mientras la princesa cenaba ancas de sapo, reía y decía: «No lo creo». No todos tienen derecho a decirte qué hacer… así que ya no permitas que sus palabras se te vuelvan en contra.

Hay un proverbio búlgaro que afirma: «Si te ves dando dos pasos al frente y uno hacia atrás, invariablemente es porque en tu vida te has relacionado con lo bueno y lo malo, mezclado».

Si no te molestan los perezosos y quejosos, es señal de que algo de ellos hay también en ti.

Los exitosos tienen un importante atributo: se impacientan ante los pensamientos negativos y la gente que los traduce a la acción.

Cuando toleres la mediocridad en otros estarás alimentando tu propia mediocridad.

Tendríamos que orar así: «Oh, Señor, líbrame de la gente que solo habla de la enfermedad y el fracaso. Más bien, otórgame la compañía de quienes piensan en el éxito y se esfuerzan por alcanzarlo».

Dime con quién andas y te diré quién eres.

Cuanto menos te asocies con determinadas personas más mejorará tu vida.

Si andas con lobos aprenderás a aullar. Pero si andas con águilas, aprenderás a volar bien alto.

Hay un hecho simple en la vida: te conviertes en aquello que son tu compañía, para bien o para mal.

Casi todas nuestras penas surgen de que nos relacionamos con las personas equivocadas.

«Aléjate del remolino que causan los que siempre van hacia atrás» (E. K. Piper).

El verdadero amigo es el que está allí, al que le importas.

El buen amigo es como una sola mente, en dos cuerpos.

Robert Louis Stevenson dijo: «El amigo es un regalo que nos damos a nosotros mismos».

Encontrarás que el verdadero amigo sigue siéndolo cuando no mereces la amistad de nadie. Este amigo te acompañará cuando otros piensen que más vale dejarte a solas.

La sabiduría de Proverbios afirma: «Fieles son las heridas del que ama; pero importunos los besos del que aborrece» (27.6)

Es cierto lo que dice el viejo refrán: «El que se acuesta con perros se levanta con pulgas».

No todos tienen derecho a hablar de tu vida.

No todo el mundo será compañía adecuada para ti.

Ten por seguro que tu peor negocio consiste en intercambiar ideas con la persona equivocada.

Quiero decirlo de este modo: no sigas a nadie que no esté yendo a ninguna parte.

Tú y yo no debiéramos seguir a nadie más allá de hasta donde esa persona sigue a Jesucristo.

No seas amigo de alguien porque concuerdan respecto de lo negativo. Mejor encuentra amigos con quienes concuerdes sobre lo positivo.

«Mi mejor amigo es el hombre que al desearme el bien, lo quiere por mi bien» (Aristóteles).

La Biblia declara: «Hierro con hierro se aguza; y así el hombre aguza el rostro de su amigo» (Proverbios 27.17).

Thomas Carlyle observó: «Muéstrame a quién honras y sabré qué clase de persona eres, ya que me mostrará tu ideal humano, aquello que anhelas ser».

Si tuvieras que hacer una lista de tus mayores beneficios, recursos o puntos fuertes, encontrarías que el dinero es uno de los menos importantes en tanto que entre los mayores recursos aparecerían personas que conoces.

Siempre habrá quien te esté observando y tenga la capacidad de bendecirte en grande.

Creo que a Dios le gusta bendecirnos a través de las personas. Él tiene reservadas las relaciones más adecuadas para ti.

El verdadero amigo ve más allá de lo que eres, a lo que puedes llegar a ser.

Toda persona debiera tener un lugar especial en el cementerio en donde pudiera sepultar los defectos de sus amigos y seres queridos.

La mejor forma de tener un amigo fiel es siéndolo.

Allí donde estén tus amigos estará tu riqueza.

Usa las dos manos para aferrarte al verdadero amigo.

Piensa en las palabras de Francesco Guicciardini: «Como nada hay que valga tanto como los amigos, no pierdas oportunidad de granjear amistad con las personas correctas».

El amigo verdadero es la mejor de las posesiones.

CAPÍTULO 20

SI TEMES A LAS CRÍTICAS MORIRÁS SIN HACER NADA

Si dejas tu marca en la vida, siempre atraerás a los que quieran borrarla.

Para tener éxito en la vida tendrás que vencer los muchos esfuerzos de quienes buscan hundirte.

Hace poco hablé ante 10,000 propietarios de negocios y empresas independientes. Les dije: «Hoy les voy a decir todo lo que he aprendido de los críticos sobre cómo alcanzar el éxito». Y entonces... no dije nada. Al principio todo el mundo guardó silencio. Pero luego, cuando empezaron a entender, hubo algunos aplausos, que fueron multiplicándose hasta que todos estaban aplaudiendo y diciendo: «¡Bravo!».

La forma en que decides responder a las críticas será una de tus decisiones más importantes. Al responder, debiéramos hacer lo que dice la Biblia: «...atribulados en todo, mas no angustiados; en apuros, mas no desesperados» (2 Corintios 4.8).

Ama a tus enemigos. Pero si quieres que enloquezcan de ira, ignóralos por completo.

Tenemos que escuchar esa vocecita tierna, no los estruendos ensordecedores que nos anuncian el mal fin.

Si tu cabeza se destaca en lo alto por encima de la muchedumbre, tienes que saber que recibirás más críticas que ramos de flores.

El débil siempre ataca al que avanza.

Dios obra desde adentro. Quien te critica, intenta obrar desde el afuera.

El primer mandamiento, el más importante, respecto de los críticos es: no permitas que te asusten.

Charles Dodgson expresó: «Si te limitas a actuar en la vida solo en aquello en lo que nadie podría encontrar fallas, la verdad es que no será mucho lo que hagas».

No hay nada importante o significativo que pueda ocurrir sin que cause controversia y crítica.

Si permites que lo que otros dicen te detenga, será justamente eso lo que sucederá.

Christopher Morley apuntó: «En verdad, el crítico es como el gong en el cruce de ferrocarril. Suena fuerte, y en vano, mientras el tren pasa».

Hay grandes ideas que mueren porque quienes las originaron no pudieron soportar las críticas y se rindieron.

El crítico es simplemente alguien que encontrará defectos, sin que se le dé permiso para entrar en tu vida.

El defecto es una de las cosas más fáciles de hallar.

«La gente más insignificante es la más propensa a burlarse de los demás. Se sienten libres de toda represalia y no pueden alimentar su autoestima si no es aplastando al prójimo» (William Hazlitt).

El crítico no solo espera lo peor; también desaprovechará lo bueno que suceda.

Al crítico no le interesa mejorar las cosas. Solo quiere rebajarte a su nivel. Tiene miedo de que alcances el éxito.

Dennis Wholey advertía: «Si esperas que el mundo sea justo contigo porque eres buena persona, serás como quien no espera que un toro le ataque, solo porque es vegetariano».

Concuerdo con Fred Allen: «Si la crítica tuviera verdadero poder para hacer daño, ya se habrían extinguido todos los canallas».

Recuerda esta verdad sobre el crítico: el que siempre está dando patadas pocas veces tiene cómo mantenerse de pie.

Las grandes mentes hablan de ideas; las buenas mentes hablan de hechos; las mentes pequeñas hablan de los demás.

La Biblia nos manda a multiplicar pero hay muchos críticos que prefieren dividir.

No te conviertas en crítico. Jesús nos advierte: «No juzguéis, para que no seáis juzgados» (Mateo 7.1).

Si echas tierra sobre los demás, siempre acabarás convirtiendo el montículo en montaña.

No puede ensuciarte el barro, a menos que seas tú quien lo arroje.

El que arroja barro nunca tiene las manos limpias.

No puedes abrirte camino al éxito si usas el hacha para derribar a los demás.

Jamás avanzarás si siempre estás ocupado en aplastar a alguien bajo tu pie.

Concuerdo con Tillotson: «La forma más rápida de que un hombre muestre si vale o no es ver si trata de desvalorizar a los demás».

Henry Ford comentaba: «Los hombres y los automóviles se parecen mucho. Algunos son mejores para ir cuesta arriba y otros solo funcionan cuando van cuesta abajo. Y cuando oigas golpeteo continuo, es señal segura de que algo está mal por dentro».

Si tienes miedo de la crítica morirás con poco o nada.

Si buscas un lugar bajo el sol tienes que saber que vendrán las ampollas y la arena en los ojos.

La crítica es un elogio cuando sabes que lo que estás haciendo es lo correcto.

CAPÍTULO 21

VELA DE CUIDARTE SOLO A TI MISMO

Wesley Huber señaló: «No hay nada tan muerto como el egocéntrico. El que se alaba por haber forjado su propio éxito y se mide por sus propios logros, satisfecho con los resultados».

Tu palabra preferida, ¿es «Yo»?

Escucha: «El egoísmo está en el núcleo del pecado, no importa desde dónde lo mires» (Ed Cole).

La única razón por la que el orgullo te levanta por encima de los demás es para luego hacer que tu golpe sea el más fuerte cuando caigas.

Lo que más importa en la vida es lo que hayas hecho por los demás.

La mejor forma de alentarnos a nosotros mismos es alentando a otros.

Todos los líderes tienen el deber de lograr que hacer el mal resulte difícil y sea más fácil hacer el bien.

«Quien lleva la luz del sol a las vidas de los demás no podrá impedir que brille en su propia vida» (James Matthew Barrie).

Siempre deja a la gente mejor de lo que la encontraste. Después de estar contigo, ¿se sienten mejor o peor? ¿Más grandes o más pequeños? ¿Más llenos de fe o de miedo? ¿Dejas a la gente mejor de lo que la encontraste?

Norman Vincent Peale observó: «Quien vive para sí mismo es un fracasado. Aunque tenga mucho dinero, mucho poder o gran posición, sigue siendo un fracaso».

Ser vanidoso te convierte en tonto: «¿Has visto hombre sabio en su propia opinión? Más esperanza hay del necio que de él» (Proverbios 26.12).

Quien no cree en nada más que en sí mismo vive en un mundo diminuto.

La mejor forma de ser felices es olvidándonos de nosotros mismos y centrándonos en los demás.

Henry Courtney dijo: «Cuanto más lleno de sí mismo esté alguien, más fácil te será ocupar su lugar».

El que vive lleno de sí mismo muestra que siempre hay lugar para mejorar.

«La lupa más grande del mundo son los ojos de quien se mira a sí mismo» (Alexander Pope).

El egoísmo es la única enfermedad en la que el paciente se siente bien al tiempo de hacer que todos los demás se sientan mal cuando están con él.

El egoísmo es la flor que jamás llega a convertirse en fruto.

Quien canta sus propias loas rara vez recibe el elogio de que quieran oírlo cantar de nuevo.

Charles Elliot indica: «No pienses demasiado en ti mismo. Intenta cultivar el hábito de pensar en los demás. Eso te será de recompensa. Porque el egoísmo siempre trae consigo su propia venganza».

Al mirar sus propios logros con egocentrismo el arrogante suele perder de vista a Dios ya que no llega a ver su obra.

Rick Renner dijo: «No permitas que tu egocentrismo ciegue tus ojos al plan de Dios».

Hasta las estampillas no sirven de nada si se pegan a sí mismas.

Si te has subido al caballo de la vanidad, lo mejor que puedes hacer es bajarte, y lo antes posible.

Por mucho que te palmees en el hombro para felicitarte, no lograrás empujarte para avanzar un solo centímetro

Burton Hills observó: «Está bien que creas en ti mismo, pero no te convenzas enseguida».

El egoísta es el mejor amigo de sí mismo.

Quien está enamorado de sí mismo hará bien en divorciarse.

Los que hacen alarde de haberse hecho solos por lo general muestran que les falta algo.

Puedes reconocer al tipo que se hizo a sí mismo: tiene la cabeza inflada y los brazos tan largos que puede felicitarse dándose palmaditas en la espalda.

La persona vanidosa nunca llega a ninguna parte porque cree haber llegado ya.

Que tu palabra preferida sea «Tú», en vez de «Yo».

CAPÍTULO 22

LA ENVIDIA ES HUECA

Los que son envidiosos siempre encuentran lo negativo enseguida. Había un cazador que consiguió un perro de caza. Era el único perro de su tipo, podía caminar sobre el agua. Un día el cazador invitó a un amigo a cazar con él. Quería mostrarle su preciada posesión.

Tras un rato, les dispararon a unos patos que cayeron al río y el hombre le dio la orden al perro para que fuera a recogerlos. El perro corrió sobre la superficie del agua para buscar a las aves. El hombre esperaba oír algún elogio por su asombroso perro. Pero el amigo no dijo nada.

Por curiosidad, le preguntó al amigo si había notado algo inusual en el perro. El amigo entonces le dijo: «Sí, hay algo inusual en tu perro. No sabe nadar».

La mayoría de las personas con quienes nos cruzamos todos los días son negativas. Miran el agujero del medio en lugar de ver la rica dona. No esperes elogios ni palabras de aliento de esas personas. Son gente que no podría darte impulso para avanzar. Solo logran hundirte cada vez más.

La envidia es una idea ridícula. Porque no ofrece ni una sola ventaja. Hay un famoso refrán que dice: «Si comparas lo que quieres con lo que tienes, serás infeliz. Más bien, compara lo que mereces con lo que tienes y descubrirás la felicidad». Lo que causa tantos problemas no es que intentes igualar a tu vecino. Es querer superarlo. Washington Alliston reflexionó: «La única competencia digna de la mente sabia es contigo mismo». Nada hará que retrocedas tanto como el intento por igualar a quienes están por delante de ti.

«Si la envidia fuera tiña, ¡cuántos tiñosos habría!» (dicho popular español).

Francis Bacon dijo: «La envidia no descansa. No conoce de vacaciones».

La envidia que nos compara con los demás no es más que necedad y tontería.

«Ellos, midiéndose a sí mismos por sí mismos, y comparándose consigo mismos, no son juiciosos» (2 Corintios 10:12b).

«No juzguéis, para que no seáis juzgados» (Mateo 7.1). La envidia es una de las formas más sutiles de juzgar a los demás.

Richard Evans expresó: «No permitamos que lo que tenemos o no tenemos nos impida disfrutar de las cosas que sí tenemos y podemos tener».

Lo que nos produce descontento con nuestra situación personal es la absurda creencia de que los demás son más felices que nosotros.

Thomas Fuller apuntó: «Lo que hace que seamos felices o infelices es la comparación, más que la realidad».

Una de las decisiones más valiosas que podemos tomar es no dejar que nos influya lo que sucede en la vida de los demás. Lo que pasa en la vida de otra persona nada tiene que ver con lo que Dios quiere hacer en la tuya. Él te ama tanto como a los demás. Cada vez que ponemos la mirada en los demás, la estamos desviando del objetivo.

Hellen Keller indica: «En lugar de compararnos con los más afortunados debiéramos compararnos con la gran mayoría de las personas. Entonces, veremos que estamos entre los privilegiados».

La envidia no consume otra cosa que el propio corazón.

La envidia es algo así como admiración por quienes menos querrías elogiar.

Un proverbio irlandés dice: «Tienes que crecer por tu cuenta. No importa lo alto que haya sido tu abuelo».

Encontrarás que te cuesta mucho ser más feliz que los demás si crees que los demás son más felices que tú.

Preocúpate por lo que piensen de ti los demás y tendrás más confianza en la opinión ajena que en la propia.

Pobre es aquel cuyos placeres dependen del permiso y la opinión de los demás.

Si la envidia tuviera forma, sería un bumerán.

San Crisóstomo reflexionó: «Así como la polilla va comiendo la ropa y la deja raída, la envidia consume al hombre».

La envidia produce el barro que el fracaso le arroja al éxito.

Hay muchos caminos hacia la vida sin éxito, pero la envidia es el atajo más corto.

HAZ MÁS…

Haz más que ayudar. Sirve.
Haz más que convivir. Reconcilia.
Haz más que cantar. Adora.
Haz más que pensar. Planifica.
Haz más que existir. Vive.
Haz más que oír. Escucha.
Haz más que concordar. Coopera.
Haz más que desear. Cree.
Haz más que aconsejar. Ayuda.
Haz más que hablar. Imparte.
Haz más que alentar. Inspira.
Haz más que sumar. Multiplica.
Haz más que cambiar. Mejora.
Haz más que hablar. Comunica.
Haz más que crecer. Florece.
Haz más que gastar. Invierte.
Haz más que pensar. Crea.
Haz más que trabajar. Sé excelente.
Haz más que compartir. Da.
Haz más que decidir. Discierne.
Haz más que considerar. Comprométete.
Haz más que perdonar. Olvida.
Haz más que soñar. Actúa.
Haz más que ver. Percibe.
Haz más que leer. Aplica.
Haz más que recibir. Sé recíproco.
Haz más que decidir. Concéntrate.
Haz más que llegar a otros. Extiende tu mano.
Haz más que meditar. Ora.

CAPÍTULO 23

VIAJA LIVIANO

No permitas que las cosas se te peguen.

Mucho mejor es perdonar y olvidar que odiar y recordar.

Josh Billings dice: «No hay venganza más completa que el perdón».

Richard Nixon dijo: «Los que te odian no ganan a menos que tú los odies, entonces te destruirás a ti mismo».

La falta de perdón es un obstáculo para las bendiciones. El perdón les abre la puerta.

¿Por qué hay oraciones sin respuesta? Dwight L. Moody respondió: «Creo firmemente que muchas oraciones no reciben respuesta porque no estamos dispuestos a perdonar a alguien».

El perdón es la llave que abre la puerta a la paz personal.

El perdón da rienda libre a la acción y crea libertad.

Todos tenemos que decir lo correcto después de hacer lo equivocado.

Lawrence Sterne dijo: «Solo el valiente sabe perdonar… el cobarde nunca perdona. No está en su naturaleza hacerlo».

Josiah Bailey añade: «Es verdad que los que más perdonan más perdonados serán».

Uno de los secretos para una vida larga y fructífera es perdonarles todo a todos, todas las noches, antes de ir a dormir.

Peter Von Winter afirmó: «Es de hombres castigar, pero de Dios perdonar».

Cuando tienes rencor, te pesa y pierdes el equilibrio.

Viaja liviano. Lo más pesado que puede cargar una persona es el rencor. Si dejas de alimentarlo, morirá. No necesitas que un médico te diga que mejor es matar al rencor que alimentarlo.

El perdón es algo extraño. Porque calienta el corazón y enfría la herida.

Es verdad: el que perdona es quien pone fin a la pelea.

La mejor forma de que alguien no te guarde más rencor es elogiando sus esfuerzos.

Perdona a tus enemigos, ¡es la mejor forma de vengarte!

El perdón nos ahorra el precio de enojarnos, el alto costo del odio y el terrible desperdicio de energía.

¿Hay algo más patético que una persona que abriga rencor durante muchos años?

El perdón sana. La falta de perdón, hiere.

Sé pronto para perdonar. Creo que cuanto más tardamos en perdonar tanto más nos cuesta hacerlo. La gente necesita más amor cuando menos lo merece. Mateo 5.25 dice: «Ponte de acuerdo con tu adversario pronto». La mejor cura es la cura pronta.

¿Quieres dejar ir el pasado para reclamar tu futuro? Graba en tu mente lo que dijo Paul Boise: «El perdón no cambia el pasado pero agranda el futuro».

Harry Fosdick expresó: «No puede haber guerra con el hombre y paz con Dios».

Puedes equivocarte aunque estés haciendo lo correcto si no perdonas a alguien.

«Repite lo suficiente tu protesta de que tienes razón y te habrás equivocado» (proverbio Yiddish).

La Biblia dice en Efesios: «Quítense de vosotros toda amargura, enojo, ira, gritería y maledicencia, y toda malicia» (4.31).

Pregúntate lo siguiente: «Si Dios está dispuesto a perdonar, ¿quién soy yo para guardar rencor?».

CAPÍTULO 24

SI TIENES, DA. SI TE FALTA, DA

G. D. Bordmen dijo: «La ley de la cosecha consiste en cosechar más de lo que siembras». Es cierto: quienes dan siempre reciben. Lo que das, vive. Henry Drummond expresó: «No hay felicidad en tener o conseguir, sino solo en dar». La prueba de la generosidad no necesariamente estará en cuánto des, sino en cuánto te queda para ti. Henry Thoreau indicó: «Si das dinero, da parte de ti cuando lo des». El secreto está en dar.

Una madre preparaba panqueques para sus hijos. Kevin tenía cinco años y Ryan, tres. Los niños empezaron a discutir sobre quién comería el primer panqueque.

La mamá vio la oportunidad de enseñarles una lección moral: «Si Jesús estuviese aquí, diría: "Dale a mi hermano el primero. Yo puedo esperar"».

Entonces Kevin miró a su hermano menor, y le dijo: «Ryan, tú serás Jesús».

No esperes que sean generosos los demás.

Da y pronto. Cuanto más tardes en dar menos probable será que des. Crecerás espiritualmente en la medida en que des. Al dar creas lugar dentro de ti para poder crecer. Sé generoso, no importa cuáles sean tus circunstancias.

Christine Caine dice: «Lo que tienes para dar es tiempo, talento, lengua y tesoro. No dejes que te detenga lo que no tienes. Si lo haces, no verás lo que sí tienes. Ya no digas: "Solamente tengo"».

Para saber cómo es alguien, fíjate en lo que dice. Y para conocerlo mejor, fíjate en lo que hace. Pero la mejor forma de saber cómo es, yace en lo que da.

Elizabeth Bibesco dijo: «Benditos los que pueden dar sin recordar y recibir sin olvidar».

El gran problema no está en tener o no tener, sino en no dar. El Señor ama al corazón generoso. En realidad, lo amamos todos.

Charles Spurgeon apuntó: «Sé compasivo... con lo que hay en tu billetera».

Un proverbio indio reza: «La gente buena, como las nubes, recibe para volver a dar».

De hecho, la mejor generosidad es la veloz. Porque cuando das enseguida, es como si dieras dos veces.

R. Browne afirma: «Lo que Dios hace en tu vida no es para que puedas guardártelo. Él quiere que lo des a los demás».

Si das solo después de que te lo hayan pedido significa que has tardado demasiado.

Da gracias por el pan de cada día.
Da lo mejor de tu tiempo para la comunión con Dios.
Da de lo primero que coseches.
Da pronto.
Da de nuevo.
Da hasta que se sienta bien.
Da el elogio sincero.
Da gracias a Dios.

En Hechos, la Biblia dice: «Más bienaventurado es dar que recibir».

La generosidad es el termómetro de nuestro amor.

Eleanor Roosevelt señaló: «Cuando ya no aportas, empiezas a morir».

No es el que recibe quien alcanza la felicidad, sino el que da.

Cuando vives para los demás, vives de la mejor manera.

John Wesley aconsejaba: «Haz todo lo que puedas, ahorra todo lo que puedas, da todo lo que puedas». Es la fórmula para la vida exitosa.

Los suizos dicen: «El codicioso y el mendigo prácticamente son uno en lo mismo».

Cuando se trata de dar, hay gente que no permite que nada les detenga.

La codicia disminuye lo que pueda uno lograr. Mike Murdock explica: «Dar es prueba de que has conquistado la codicia».

Mucha gente está dispuesta a darle el crédito a Dios. Pero no a darle el dinero.

No engañes al Señor diciendo que son ahorros.

El problema con los que dan hasta que les duele es que son demasiado sensibles al dolor.

CAPÍTULO 25

LA MEJOR OPORTUNIDAD ES AHORA

Lo que estás buscando muchas veces está bajo tus narices.

El jefe se preguntaba por qué uno de sus empleados más confiables y valiosos no había llamado para avisar que estaba enfermo. Como tenía un problema urgente con una de las computadoras principales, llamó por teléfono a la casa de su empleado. Le respondió un niño, que hablaba en susurros:

—Hola.

—¿Está en casa tu papi? —preguntó el jefe.

—Sí —susurró el niño.

—¿Puedo hablar con él?

—No —contestó el pequeño.

El hombre quería hablar con un adulto; a pesar de su sorpresa, dijo:

—¿Y mami está en casa?

—Sí.

—¿Puedo hablarle?

—No —volvió a decir el niño.

Esperando que hubiera alguien a quien dar un mensaje, el jefe preguntó:

—¿Hay alguien más en casa?

—Sí. Un policía.

Perplejo porque había un policía en casa de su empleado el jefe dijo:

—¿Puedo hablar con el policía?

—No. Está ocupado—, dijo el chico.

—¿Haciendo qué cosa?

—Hablando con mamá y papá —contestó en un susurro el pequeño.

El jefe se preocupó, y al oír un ruido del otro lado del auricular, quiso saber más:

—¿Y qué es ese ruido?

—Un helicóptero —susurró el niño.

—Pero, ¿qué es lo que está pasando? —se impacientó, preocupado, el jefe.

Todavía en susurros el pequeño dijo:

—Aterrizó el helicóptero del equipo de búsqueda.

El hombre, alarmado y un poco frustrado, preguntó:

—¿Qué es lo que están buscando?

Y en voz muy baja, el niño dijo reprimiendo una carcajada:

—A mí.

Lo que quieres está cerca. Conoce el valor real del día de hoy. Concuerdo con Jonathan Swift, que dijera: «Te deseo que vivas todos los días de tu vida». El futuro que anhelas y sueñas empieza hoy.

Ralph Waldo Emerson afirmó: «Anota en tu corazón que cada día es el mejor día del año».

¡Aprovecha el momento y vívelo!

«Todos los días hay milagros que recibes o ayudas a que reciban otros». (Oral Roberts.)

Hoy fue alguna vez ese futuro que tanto esperabas en el pasado.

Horario Dresser aseveró: «El ideal no llega jamás. Hoy es ideal para quien hace que lo sea».

Vive para el hoy. No permitas que lo que tienes al alcance de la mano quede allí sin que lo notes solo porque el futuro te intriga y el pasado te desalienta.

La Biblia dice: «Enséñanos de tal modo a contar nuestros días, que traigamos al corazón sabiduría» (Salmos 90.12).

Marie Edgeworth dijo: «No hay momento como el presente. Quien no lleva a la acción sus resoluciones cuando están frescas, no podrá tener esperanzas de que prosperen después porque se habrán disipado, perdido. Habrán perecido en el fragor del día a día, o se habrán hundido en el pantano de la indolencia».

John Burroughs expuso: «La lección que repite la vida y refuerza constantemente es: "Mira bien, ahora". Siempre estás más cerca de lo que crees... La gran oportunidad está allí donde estás. No desprecies tu lugar y tu momento».

Lo más importante en nuestras vidas es lo que estamos haciendo ahora mismo.

Aquello que lamenta la mayoría de las personas surge de no haber actuado cuando hubo oportunidad de hacerlo.

Albert Dunning aseguró: «Las grandes oportunidades nos llegan a todos, pero muchos no se dan cuenta de que las han tenido. La única preparación que hace falta para aprovecharlas consiste en mirar con atención qué es lo que nos trae cada día».

Presta atención a 2 Corintios 6.2: «He aquí ahora el tiempo aceptable».

Concuerdo con Marcial, que afirmara: «Mañana la vida será demasiado tarde; vive hoy».

Wayne Dryer observó: «El ahora es todo lo que tenemos. Todo lo que haya sucedido y todo lo que vaya a sucederte no es más que pensamiento».

El hoy bien vivido te preparará tanto para las oportunidades como para los obstáculos del mañana.

Da gracias por lo que tienes y por el lugar en que estás.

Dios siempre empieza por lo que tienes allí donde estás para llevarte al lugar donde quiere que llegues.

No permitas que cuando la oportunidad llame a tu puerta te encuentre en el jardín buscando tréboles de cuatro hojas.

Hay semillas de éxito en tu mano, ahora mismo.

Cuando das tu mejor esfuerzo, te ubicas en el mejor lugar para el momento que vendrá.

¿Cuándo podrás vivir si no ahora? Todas las flores del mañana están en las semillas de hoy.

Séneca aseveró: «Empieza a vivir de inmediato».

Ellen Metcalf observó: «Hay mucha gente que está en el lugar indicado en el momento justo, pero no lo sabe».

Está bien tomarse tiempo para planificar, pero cuando llega el momento de actuar ¡deja de pensar y ponte en movimiento!

Pocos saben cuándo levantarse para estar a la altura de las circunstancias. La mayoría solo sabe cuándo quedarse sentados y quietos.

Son muchos los que dedican demasiado tiempo a soñar su futuro sin ver que va llegándonos cada día, de a poco.

Concuerdo con Ruth Schabacker cuando dijo: «Cada día llega y trae sus propios regalos. Desata las cintas y abre el paquete».

CAPÍTULO 26

AYUDAR A OTROS A SALIR DE SUS PROBLEMAS ES UNA BUENA FORMA DE OLVIDAR LOS PROPIOS

Deja a las personas mejor de lo que las hallaste, lo aprecien o no. Después de que han estado contigo, ¿se sienten mejor o peor? ¿Más grandes o más pequeñas? ¿Más llenas de fe o de miedo? ¿Dejas a las personas mejor de lo que las encontraste?

Una de las cosas más hermosas que podemos hacer por nuestro Padre celestial es ser bondadosos con sus hijos.

Servir a los demás es uno de los más maravillosos privilegios que hay en la vida.

Albert Schweitzer apuntó: «Los únicos de ustedes que serán de veras felices son los que buscaron y encontraron cómo servir».

Pierre de Chardin comentó: «Lo más satisfactorio en la vida es haber podido dar gran parte de nosotros mismos a los demás».

Proverbios declara: «Peca el que menosprecia a su prójimo; mas el que tiene misericordia de los pobres es bienaventurado» (14.21).

Sigue el consejo de Carl Reilland: «Serás feliz casi en la misma medida en que ayudes a los demás».

«Lo que hacemos por nosotros mismos muere con nosotros; lo que hacemos por los demás, sigue viviendo. Lo que di lo tengo, lo que gasté lo tenía y lo que guardé lo perdí» (Antiguo epitafio).

Nadie se engaña a sí mismo más que el egoísta.

«No hay hombre que haya sido honrado por lo que recibió. El honor es la recompensa de lo que se ha dado», dijo Calvin Coolidge.

«La regla de oro no sirve de nada a menos que nos demos cuenta de que nos ha llegado el turno» (Dr. Frank Crane).

Invierte en el éxito de los demás. Cuando ayudas a alguien a escalar una montaña, tú también te encontrarás cerca de la cima.

Busca lo bueno en las personas. Recuerda que ellos tienen que hacer lo mismo respecto de ti. Entonces, haz algo por ayudarles.

Si quieres salir adelante, sé un puente, no un muro.

Ama a los demás, más de lo que merezcan.

Cada ser humano nos presenta una oportunidad para servir.

Todos necesitamos ayuda de alguien.

Lo que más importancia tiene en la vida es lo que hayas hecho por los demás.

La mejor forma de encontrar aliento es alentando a otros.

Todo líder tiene el deber de hacer que para los demás lo malo sea difícil y lo bueno sea fácil.

«Quienes llevan la luz del sol a las vidas de los demás no podrán evitar que brille también en sus propias vidas» (James Matthew Barrie).

John Andrew Holmes expresó: «Toda la población del universo, con una sola excepción, está conformada por los demás».

Con mucha frecuencia esperamos que todos los demás cumplan la regla de oro.

La regla de oro tal vez sea antigua, pero por mucho uso que tenga, todavía no se ve que esté desgastada.

Cuando tratamos a alguien como si fuera de segunda cometemos un error de primera.

No puedes ayudar a los demás sin ayudarte a ti mismo.

Es muy difícil dar lo bueno sin que vuelva a ti, aunque no lo esperes.

La persona que siembra semillas de bondad disfruta de una cosecha perpetua.

Concuerdo con Henry Drummond, que dijo: «Me pregunto por qué no somos más amables y buenos los unos con los otros... ¡cuando tanta falta le hace al mundo! ¡Es tan fácil hacerlo!».

¿Quieres llevarte mejor con los demás? Sé un poco más amable de lo necesario.

Una buena manera de olvidar tus problemas es ayudando a otros a resolver los suyos.

Cuando compartes no pierdes. Aumentas tu vida.

Theodore Spear señaló: «Jamás podrás esperar demasiado de ti mismo en cuanto a tu entrega a los demás».

Cuanto más alto llega a ser el bambú, más bajo llega al doblarse.

Martin Luther King, hijo, dijo: «Todos podemos ser grandes… puesto que todos podemos servir a los demás».

Cuando caminas en el fruto del Espíritu los demás pueden conocer su sabor.

Harry Fosdick indicó: «Una de las cosas más maravillosas que se hayan dicho en esta tierra es lo que dijo Jesús: "El que es el mayor de vosotros, sea vuestro siervo". De nadie se pensará que haya sido importante un siglo después de su muerte, con excepción de quienes hayan sido siervos de todos».

¿Alguien ha sido bondadoso para contigo?
Pasa esa bondad a alguien más.
No se te dio solo para ti,
pasa esa bondad a alguien más.
Deja que viaje a lo largo del tiempo
y que enjugue las lágrimas de otros más,
hasta que en el cielo se vea,
pasa esa bondad a alguien más.

Henry Burton

CAPÍTULO 27

PUEDES APRENDER ALGO DE CADA PERSONA

Una maestra les dijo a sus pequeños alumnos que les pidieran a sus padres una historia familiar que tuviera una moraleja. Y que al día siguiente las contaran en clase.

Al día siguiente, Joe fue quien contó el primer ejemplo:

—Papá es agricultor y tenemos pollos. Un día llevábamos muchísimos huevos al mercado, en una cesta que estaba sobre el asiento delantero de la camioneta. Pero, debido a un enorme pozo que había en el camino, la cesta cayó y se rompieron todos los huevos. La moraleja de la historia es: «No pongas todos tus huevos en la misma canasta».

—¡Muy bien! —dijo la maestra.

Luego fue el turno de Mary:

—También nosotros tenemos una granja. Teníamos veinte huevos que la gallina estaba empollando, pero solo nacieron diez pollitos. La moraleja de esta historia es: «No cuentes tus pollos antes de que salgan del cascarón».

—¡Muy bien! —volvió a decir la maestra, complacida por la respuesta a su consigna hasta ese momento.

Llegó el turno de Barney:

—Papá me contó esto sobre mi tía Karen… La tía Karen era ingeniera de vuelo en la guerra y su avión fue bombardeado. Debía cruzar territorio enemigo. Pero lo único que tenía era una botella de whisky, una ametralladora y un machete.

—Sigue… —dijo, intrigada, la maestra.

—La tía Karen se bebió el whisky mientras se preparaba; luego aterrizó en medio de cien soldados enemigos. Mató a setenta con la ametralladora, hasta que se quedó sin balas. Luego mató a veinte más con el machete, hasta que la hoja se rompió. Y a los últimos diez los mató con las manos.

—¡Ah! ¡Qué terrible! — exclamó la maestra horrorizada—. ¿Cuál es la moraleja de esta historia aterradora, según tu papá?

—No te acerques a la tía Karen cuando ha estado bebiendo.

Se puede aprender algo de cada persona y de cada cosa.

Hay un dicho famoso: «Lo que cuenta es lo que aprendes después de que lo sepas todo». Tengo que admitir que soy bastante fanático en esto. No me gusta estar ocioso, por ejemplo, cuando no estoy aprendiendo nada. Los que me rodean saben que siempre tengo que tener algo para leer o escribir, durante cualquier momentito que pudiera quedar libre. De hecho, intento aprender de todas las personas. De alguna podré aprender qué no hacer y de otra, lo que sí. Aprende de los errores de los demás. Jamás llegarás a vivir lo suficiente como para cometer tú mismo todos los errores.

Podrás aprender más del sabio que se equivoca, que del necio cuando tiene razón.

He conocido a muchísimas personas que eran excelentes reservorios de información, pero jamás habían tenido una idea sobresaliente. «Los ojos que miran son de lo más común. Lo infrecuente son los ojos que ven», dice J. Oswald Sanders. El problema está en que nos inundan de información y tenemos hambre de hallar revelación.

No podrás ver el amanecer si miras hacia el oeste.

Resistirse o recibir es una decisión que tomamos día tras día.

No hay nada que muera más rápido que la idea nueva en una mente cerrada.

Es imposible que se aprenda lo que pensamos que ya sabemos (Epícteto).

¿Notaste que hay personas que conoces que literalmente están hoy en el mismo lugar en que estaban hace cinco años? Siguen con los mismos sueños, los mismos problemas, las mismas excusas, las mismas oportunidades y la misma forma de pensar. Están detenidas, quietas en la vida. Muchas personas desconectan sus relojes en un momento en particular, se quedan en ese momento para el resto de sus vidas. Dios quiere que crezcamos, que sigamos aprendiendo, que mejoremos.

Siempre hay lugar para que mejoremos. Es el espacio más grande que tenemos en la vida.

Goethe dijo: «Todos quieren ser: nadie quiere crecer».

Concuerdo con Van Crouch: «Jamás cambiarás tus acciones si no cambias tus ideas».

Una de las formas en que podemos seguir creciendo es no dejando de hacer preguntas.

La persona que tiene miedo de preguntar, siente vergüenza de aprender.

Solo crecen las mentes hambrientas.

Todos debiéramos saber de qué huimos, a qué vamos y por qué.

Debiéramos aprender como si fuéramos a vivir para siempre, y vivir como si fuéramos a morir mañana.

Harvey Ullman afirmó: «Quien deja de aprender es viejo, ya sea que tenga veinte u ochenta años. El que sigue aprendiendo no solo se mantiene joven sino que se vuelve cada vez más valioso, no importa cuál sea su capacidad física».

Pablo instruyó a Timoteo: «Procura con diligencia presentarte a Dios aprobado…» (2 Timoteo 2.15).

Es divertido seguir aprendiendo.

Es verdad que el lector de hoy es el líder del mañana.

Aprender hace que progreses en la vida.

Aprende de los demás. Aprende a ver los desafíos de los demás, los pozos que tienes que evitar para no caer.

La experiencia es el instructor del presente que impide que repitamos el pasado en el futuro.

La vida nos enseña dándonos nuevos problemas antes de que resolvamos los antiguos.

¿Piensas que aprender o estudiar es caro, difícil? Escucha a Derek Bok: «Si piensas que es caro estudiar y aprender, prueba con la ignorancia».

CAPÍTULO 28

CUANDO TE DIGAN QUE NO SE PUEDE, NO HAGAS CASO

La abuela vio que Billy corría por la casa dándose palmadas y le preguntó por qué lo hacía. «Bueno», dijo el niño, «me cansé de caminar y me dije que por un rato montaría mi caballo».

Un día Miguel Ángel vio un bloque de mármol que, según su dueño, carecía de valor. «Para mí, sí vale», dijo Miguel Ángel. «Hay un ángel preso en el mármol y yo debo liberarlo».

El genio es quien dispara al blanco que nadie más ve y acierta.

«Se nos dice que no hay que cruzar el puente hasta llegar a él, pero los dueños del mundo son los que han cruzado puentes en su imaginación, mucho antes de que llegaran allí los demás» (Speakers Library).

Nuestro desafío consiste en observar el futuro y actuar antes de que ocurra.

Tenemos que hacer lo que haga falta para salir de nuestra zona de comodidad.

Sé como David. Encuentra al gigante y mátalo.

Siempre elige el obstáculo que sea lo suficientemente grande como para que tu victoria valga.

Sueña en grande porque servimos a un Dios grande.

Me encanta el valor central de LifeChurch.tv para su iglesia: «Vivimos llenos de fe, con grandes pensamientos, arriesgándonos. Jamás insultamos a Dios con pensamientos pequeños y una vida segura». Es un valor central que todos debiéramos adoptar.

Hasta que no te entregues a una gran causa no habrás empezado a vivir plenamente.

Henry Miller comentó: «El que busca seguridad, aun en su mente, es como el hombre que se cortaría los brazos y las piernas para que le pusieran prótesis que jamás le causaran problemas o dolores».

El realista jamás logra nada de importancia.

La tradición no nos ofrece esperanzas para el presente ni nos prepara para el futuro.

Amplía tu horizonte, día a día, año a año.

Russell Davenport observó: «En toda época el progreso fue resultado únicamente del hecho de que hubo hombres y mujeres que se negaron a creer que lo que sabían que estaba bien, era imposible».

Conoce las reglas, luego rompe algunas.

Quita la tapa de la olla.

Melvin Evans dijo: «Los que construyen el futuro son los que saben que están por venir cosas más grandes y que serán ellos quienes ayuden a que ocurran. Sus mentes van más allá del ardiente sol de la esperanza. Jamás se detienen para dudar. No tienen tiempo para eso».

Muchas veces actuamos, o dejamos de actuar, no por voluntad propia como se cree comúnmente. Es debido a la imaginación.

Tus sueños son indicadores de tu potencial grandeza y sabrás que proviene de Dios porque te llega con la fuerza de una revelación.

Involúcrate en algo que sea más grande que tú.

Dios todavía no ha hecho que trabajaran para Él los más calificados.

«Somos el cable y Dios es la corriente. Lo único que podemos hacer es permitir que la corriente pase» (Carlo Carretto).

Que tu mente sea la que Cristo emplee para pensar; que tu corazón sea lo que Cristo utilice para amar; que tu voz sea la que Cristo aproveche para hablar; y que tu mano sea la que Cristo use para ayudar.

Si quieres defender aquello en lo que crees tendrás que vivirlo.

Dorothea Brand afirmó: «Lo único que hace falta para romper la inercia y la frustración es esto: actuar como si fuera imposible el fracaso».

Da un giro que te aleje del fracaso, para mirar al éxito. Considera esta fórmula: actúa siempre como si el fracaso fuera imposible.

Uno de los más grandes placeres que puedes hallar es hacer aquello que la gente te dice que no podrás lograr.

UNA MIRADA HACIA ARRIBA

CAPÍTULO 29

NO BUSQUES MILAGROS. EL MILAGRO ERES TÚ

«Mi madre me dijo: "Si te haces soldado llegarás a ser general y si te haces monje llegarás a ser Papa". En cambio, fui pintor y terminé siendo Picasso», dijo el gran pintor. Nadie jamás llegó a ser grande por imitar a otros. No seas una copia. Sé un original.

Es difícil hallar el original, pero también es fácil reconocerlo.

«Si Dios quisiera que fueras de otra manera, te habría creado diferente» (Goethe).

Atrévete a ser lo que eres. Decide ser tú mismo.

Un proverbio congoleño afirma: «La madera puede permanecer en el agua durante diez años, pero nunca se convertirá en cocodrilo».

La Biblia pregunta: «¿Mudará el etíope su piel, y el leopardo sus manchas?» (Jeremías 13.23).

Julius Hare aconseja: «Sé lo que eres. Ese es el primer paso para ser mejor».

La persona que se va recortando para adaptarse a todos pronto queda demasiado pequeña hasta llegar a no ser nada.

Todos hemos sigo creados iguales y nuestro Creador nos ha dado una poderosa urgencia por cambiar.

Si no tienes un plan para tu vida solo serás parte del plan de alguien más.

Un mismo sombrero no puede cubrir dos rostros.

Jamás desees ser otra cosa que lo que eres.

«Es mejor que te odien por lo que eres y no que te amen por lo que no eres» (André Gide).

«Todas las personas descontentas que conozco están intentando ser algo que no son, hacer algo que no pueden hacer» (David Grayson).

Si no te atreves a ser tú mismo te falta confianza y seguridad, y querrás que te admiren continuamente. Vivirás por el reflejo de ti mismo en los ojos de los demás.

«Es una curiosa paradoja el hecho de que cuando me acepto tal como soy, entonces puedo cambiar» (Carl Rogers).

Los senderos gastados son para los hombres gastados.

Friedrich Klopstock observó: «Quien no tiene opinión propia y depende de la ajena es un esclavo. Soñar con la persona que se supone que eres es un desperdicio de lo que en realidad eres».

Nadie es tan infeliz, ni está tan desilusionado como aquel que anhela toda su vida ser alguien diferente a lo que en realidad es.

Eres «una creación admirable» (Salmos 139.14).

Que no te impacte la forma en que es otra persona como para querer copiarle.

Nadie puede ser tú con la misma efectividad y eficiencia que tú.

Cuando usas los dones y talentos que tienes te llaman talentoso.

Una de las cosas más difíciles de ascender por la escalera del éxito es abrirte paso por la multitud de copias que hay abajo.

¿Cuántas generalidades destacadas conoces?

La imitación es limitación.

No intentes vivir según las expectativas de nadie más. Solo busca cumplir las de Dios.

La copia se adapta al mundo. El original busca que el mundo se adapte a él. Por tanto, todo progreso depende de los originales.

«No os conforméis a este siglo, sino transformaos por medio de la renovación de vuestro entendimiento, para que comprobéis cuál sea la buena voluntad de Dios, agradable y perfecta» (Romanos 12.3).

«El hombre es más interesante que la humanidad. Porque es él, y no el resto, a quien Dios hizo a su imagen. Cada hombre es más precioso que todos los demás» (André Gide).

«Todo lo bueno que existe es fruto de la originalidad» (John Mills).

Hay una sola vida para cada uno de nosotros: la propia.

Quien anda en el sendero de otro jamás dejará huellas.

Doris Mortman observó: «Si no haces las paces con lo que eres nunca estarás contento con lo que tengas».

Casi todos nuestros desafíos y problemas en la vida vienen porque no nos conocemos a nosotros mismos e ignoramos nuestras mejores virtudes, las reales.

Casi todos viven toda la vida sin conocerse a sí mismos. No permitas que eso te suceda.

En 1 Reyes la Biblia dice: «¿Por qué te finges otra?» (14.6).

Leo Buscaglia aconsejó: «Lo más fácil en este mundo es ser tú mismo. Lo más difícil, ser lo que los demás quieren que seas. No permitas que te pongan en esa situación».

Lo opuesto al coraje no es el miedo, sino el conformismo.

Lo más agotador y frustrante en la vida es vivir tratando de ser otro, y no lo que en realidad eres.

CAPÍTULO 30

LLAMANDO A CASA. TU PADRE CELESTIAL QUIERE HABLAR CONTIGO

«Las mejores oraciones suelen estar compuestas de gemidos, no de palabras» (John Bunyan). Me sucedió esto cuando estaba rodeado de terribles necesidades. Sinceramente llegué a un punto en que casi no podía orar por mis necesidades porque eran tantas. Lo único que podía decir al orar era: «¡Auxilio!», y recuerdo haber orado a Dios apasionadamente más de treinta veces hasta que pude ver un avance. El libro de los Salmos declara: «Escucha mi oración» (17.1). Una de mis oraciones más inteligentes fue: «¡Auxilio!». Cuando das un paso hacia Dios, Dios da más pasos hacia ti de los que puedas contar. Él se movió para cubrir mis necesidades.

Cuando empezamos a orar comienzan a suceder cosas maravillosas. El tiempo de oración jamás es tiempo perdido. Charles Spurgeon enseñó esto: «A veces pensamos que estamos demasiado ocupados como para orar. Es un gran error porque orar implica que ahorramos tiempo».

A. J. Gordon añadió: «Puedes hacer más que orar después de orar, pero hasta tanto lo hagas, no podrás hacer otra cosa más que orar».

Ora con tus ojos vueltos a Dios, no a tus problemas.

Un pastor le preguntó a un pequeño si oraba cada noche.

—Sí, claro —dijo el niño.

—¿Y por las mañanas también? —le preguntó el pastor.

—No, señor. De día no tengo miedo.

Cualquier momento es bueno para hablarle al Señor. Sea buen momento, mal momento, feliz, triste, de alegría o de miedo. Dios quiere oírnos hablar con Él.

La oración es lo único que demuestra que confías en Dios.

Oswald Chambers dijo: «Vemos la oración como medio para obtener cosas para nosotros; la idea bíblica de la oración es que podamos conocer a Dios». Sigue el consejo de Dwight L. Moody: «Presenta tu petición ante Dios y luego, di: "Hágase tu voluntad, no la mía"».

La lección más dulce que aprendí en la escuela de Dios es dejar que el Señor decida por mí.

Antes de encontrarte en el pozo más profundo, ora profundamente.

Las oraciones solo reciben respuesta después de que oramos.

No sucede nada de importancia hasta que oras fervientemente. ¡Ora y sigue orando!

F. B. Myer expresó: «La gran tragedia de la vida no es la oración sin respuesta, sino la oración que no se pronuncia». Quien no ora e intenta resolver las cosas por sí mismo en realidad está diciendo que no necesita a Dios.

Byron Edwards dijo: «La oración sincera siempre recibe lo que pide, o algo mejor».

Las respuestas de Dios son más sabias que las tuyas.

Ann Lewis señaló: «Hay cuatro formas en que Dios responde las oraciones: no, todavía no; no, porque te amo demasiado; sí, pensé que jamás lo pedirías; sí, y aquí tienes más».

«Cada vez que oramos se altera nuestro horizonte, nuestra actitud hacia el cambio. Y no a veces, sino siempre. Lo asombroso es que no oramos con mayor frecuencia» (Oswald Chambers).

Lamentablemente no hay nada de lo que se discuta más y se practique menos que la oración.

Martín Lutero aseveró: «Cuanto menos oro, más difícil se hace todo; cuanto más oro, mejor van las cosas».

El estar de rodillas con frecuencia hace que te pares mejor ante Dios.

Margaret Gibb dijo: «Tenemos que dejar de pedirle a Dios que elimine lo que nos parte el corazón, y orar por las cosas que rompen el suyo».

Es imposible orar y ser pesimista al mismo tiempo.

E. M. Bounds expuso: «La oración es nuestra arma más formidable, es lo que hace que seamos eficientes en todo lo que hagamos».

Al orar tenemos que estar dispuestos al mismo tiempo a actuar del modo en que Dios nos dirija en su respuesta. Las respuestas a nuestras oraciones incluyen trabajo y acción, porque la acción va junto a la respuesta y al éxito.

Mark Litteton dijo: «Convierte tus dudas en preguntas, tus preguntas en oraciones y tus oraciones en conversación con Dios».

Cuando ores pidiendo victoria Dios te dará una estrategia.

Phillips Brooks dijo: «La oración no implica vencer la reticencia de Dios, sino aferrarnos a su voluntad».

La oración no es un dispositivo que usamos cuando ya nada funciona. Concuerdo, más bien, con O. Hallesby: «Empieza a ver, más y más, que la oración es lo más importante que puedas hacer. No hay mejor forma de aprovechar el tiempo que orar cada vez que haya oportunidad, sea a solas o con otros, en el trabajo, cuando descansas, o cuando caminas por la calle. ¡Donde sea que estés!».

CAPÍTULO 31

NO PERMITAS QUE TUS ERRORES SE CONVIERTAN EN MONUMENTOS

A los treinta y tres años Paul Galvin había fracasado ya en dos negocios. Fue a la subasta de su negocio de baterías y con sus últimos $750 volvió a comprar la parte de eliminación de baterías. Esa pequeña parte se convirtió en la exitosa Motorola. Al retirarse, en la década de 1960, dijo: «No temas a los errores. Conocerás el fracaso. Pero sigue, para salir adelante».

George Bernard Shaw aseveró: «Es más útil vivir cometiendo errores que vivir sin hacer nada».

Esperar que la vida sea perfecta, hecha a la medida, es vivir continuamente frustrados.

Cuando cometas errores, aprende de ellos, y no los repitas.

El Salmo 37.23-24 dice: «Por Jehová son ordenados los pasos del hombre, y él aprueba su camino. Cuando el hombre cayere, no quedará postrado, porque Jehová sostiene su mano».

El fracaso puede parecer un hecho, pero no es más que una opinión.

No se trata de lo mucho que caigas, sino de lo alto que sea tu rebote. Allí está la diferencia.

Te derribarán. La diferencia estará en lo rápido que te levantes.

Hay una correlación positiva entre la madurez espiritual y lo rápido que se responde al fracaso y el error. Los espiritualmente maduros tienen mayor capacidad para levantarse y seguir adelante, que los que son espiritualmente inmaduros. Cuando menos maduro sea alguien, más se aferrará a sus errores pasados.

Dios nunca nos ve como fracasos sino como hijos suyos que van aprendiendo.

Fracasamos solo cuando no aprendemos de las experiencias. Dios, maravillosamente, quiere perdonarnos. Porque tú, Señor, eres bueno y pronto para perdonar, misericordioso en abundancia con todos los que claman a ti. ¡Ah! Así imagino a Dios en el cielo: preparado, listo para perdonarnos por todos nuestros errores. Solo tenemos que pedírselo.

David McNally meditó: «La vida plagada de errores es más rica, más interesante, más estimulante que la vida que jamás ha arriesgado ni defendido nada».

¿Qué diferencia hay entre el campeón y la persona promedio? Tom Hopkins dijo: «La diferencia más importante entre el campeón con logros y la persona promedio es la capacidad para enfrentar al rechazo y al error».

Escucha a S. I. Hayakawa: «Observa la diferencia entre lo que sucede cuando te dices: "Fallé tres veces" y cuando dices: "Soy un fracaso"».

El fracaso es una situación, no una persona.

Los errores suelen ser los mejores maestros.

En Eclesiastés la Biblia afirma: «En el día del bien goza del bien; y en el día de la adversidad considera» (7.14)

Oswald Avery aconseja: «Cuando caigas, llévate algo al levantarte».

Quien inventó la goma de borrar conocía bastante bien a la humanidad. Hallarás gente que jamás comete errores porque no hace nada. Es cierto que los errores nos enriquecen. Por eso estoy convencido de que seré millonario.

Los exitosos creen que el error solo es una advertencia.

Puedes aprender algo de cada situación, de cada cosa, de cada persona.

Eres como un saquito de té. No servirás de mucho hasta tanto no hayas pasado por el agua caliente.

No puedes recorrer el camino al éxito sin que se te pinche algún neumático.

El fracaso no es haber caído, sino haberte negado a levantarte.

Sé como Jonás, que demostró que un hombre bueno no queda sumergido por mucho tiempo.

Recuerda que un tropezón no es caída. De hecho, el tropezón a veces impide que caigas.

Proverbios dice: «Porque siete veces cae el justo, y vuelve a levantarse» (24.16).

Herman Melville acotó: «Quien jamás se ha equivocado no puede ser grande».

El que nunca comete un error recibe órdenes de alguien que sí los comete, y para esa persona es que vive.

Frederick Robertson dijo: «Solo los grandes errores llevan al progreso, la grandeza y la bondad».

William Ward dijo: «El fracaso es demora, pero no derrota. Es un desvío temporal, no un callejón sin salida».

El inventor Thomas Edison es recordado por sus éxitos, no por sus fracasos. Su reflexión fue la siguiente: «No te recordarán por los pocos fracasos que tengas, sino por tus logros, sean muchos o pocos».

Cada paso en falso que des podría convertirse en un paso más hacia adelante.

David Burns aseveró: «Afirma tu derecho a cometer algunos errores. Si la gente no puede aceptar que eres imperfecto, el problema lo tienen ellos».

Louis Boone dijo: «No temas al error al punto de negarte a intentar de nuevo. El resumen más triste de una vida contiene tres descripciones: podría, debería y quizá».

Robert Schuller escribió: «Mira lo que has dejado, no lo que hayas perdido».

Si aprendes de tus errores, te serán útiles. Cultiva esta actitud y jamás te avergonzarás de hacer el intento.

Descubre las joyas que hay en cada error.

CAPÍTULO 32

¿CUENTAS TUS BENDICIONES? ¿O PIENSAS QUE TUS BENDICIONES NO CUENTAN?

«Si tu única oración en la vida es "Gracias", con eso basta» (Miester Eckhart).

Tu actitud, ¿es de gratitud?

Si nos detenemos a pensar un poco más, también nos detendremos para ser más agradecidos.

De todos los sentimientos humanos la gratitud es el que peor memoria tiene.

Si no te satisface lo que has alcanzado, agradece aquello de lo que has escapado.

Recuerdo haber ido en auto hace años, hacia un restaurante, absorto en mi último libro. Estaba tan metido en mis pensamientos que pasé un semáforo en rojo en un cruce importante.

Muchos autos hicieron sonar sus bocinas y un hombre me mostró con su dedo que me consideraba «el número uno». Me detuve en un área de estacionamiento para dar gracias a Dios por su protección, incluso cuando soy tan estúpido.

Tienes que saber que tu vida ha sido bendecida. Que tienes bendición.

Cicerón señaló: «El corazón agradecido no solo es la mayor virtud, sino la madre de todas las demás virtudes».

Tu nivel de gratitud indica con seguridad cuál es tu grado de salud espiritual.

Max Lucado escribió: «El diablo no necesita robarte nada. Lo único que le hace falta es lograr que lo des por hecho».

Cada vez que cuentas tus bendiciones, verás que tienes mucho.

Que la gratitud reemplace al lamento.

Agradece lo que tienes en lugar de lamentar lo que te falta.

Si no puedes agradecer lo que tienes, agradece por aquello de lo que has escapado.

Henry Ward Beecher dijo: «El ingrato no encuentra misericordias. El corazón agradecido hallará bendiciones celestiales en cada hora».

Cuanto más te quejes, menos obtendrás.

«Si recibiéramos todo lo que queremos, pronto no querríamos todo lo que recibimos» (Vernon Luchies).

Si no disfrutas de lo que tienes, ¿piensas que serías feliz teniendo más?

Francis Schaeffer dijo: «El inicio de la rebeldía del hombre contra Dios fue, y sigue siendo, la falta de un corazón agradecido».

Las semillas del desaliento no germinan en el corazón agradecido.

Erich Fromm observó: «La codicia es un pozo sin fondo que agota a la persona en el inacabable esfuerzo por satisfacer la necesidad sin hallar satisfacción en ningún momento».

Epicúreo reflexionó: «Nada es suficiente para aquel que considera que suficiente es demasiado poco».

Cuando agradeces pocas veces muestras tu mediocridad.

No estés tan ocupado pidiendo favores a Dios como para que no te quede tiempo para darle las gracias.

Me identifico con lo que dijo Joel Budd: «Siento que soy yo quien escribió Maravillosa Gracia».

«La felicidad siempre parece pequeña cuando la tienes en tus manos. Pero si la dejas ir, aprenderás enseguida que es grande y preciosa» (Máximo Gorky).

Creo que debiéramos adoptar la actitud de George Hubert, que dijo: «Tú, oh Señor, que me has dado tanto. Dame algo más: un corazón agradecido».

La Biblia dice en el Libro de los Salmos: «Lleguemos ante su presencia con alabanza» (95.2).

Cada petición a Dios debiera estar precedida por la gratitud.

La Biblia nos desafía en 1 Tesalonicenses 5.17-18: «Orad sin cesar. Dad gracias en todo, porque esta es la voluntad de Dios para con vosotros en Cristo Jesús».

«No le damos gracias a Dios por lo mucho que nos ha dado. Con frecuencia oramos como el mendigo, pidiendo. Pocas veces oramos para dar gracias y alabar a Dios» (Robert Woods).

Que el final de la vida no te encuentre diciendo: «¡Qué maravillosa vida tuve! Solo me gustaría haberla apreciado y valorado antes».

Gracias, Dios por los platos sucios porque cuentan una historia,
Mientras otros tienen hambre, comemos bien.
Tenemos hogar, salud y felicidad, no deberíamos quejarnos.
Por toda esta evidencia, Dios es muy bueno con nosotros.

Anónimo

CAPÍTULO 33

AL NO ACEPTAR EL PRESENTE CREAMOS UN FUTURO

Un adolescente acababa de pasar su examen para obtener la licencia de conducir y le preguntó a su padre cuándo podrían hablar sobre el uso del auto.

Su padre dijo que haría un trato con su hijo: «Si tus calificaciones pasan de "bueno" a "muy bueno" como promedio, si estudias un poco tu Biblia y te cortas el cabello, entonces podremos hablar sobre el auto».

El muchacho lo pensó, decidió que aceptaría el ofrecimiento y eso acordaron.

Unas seis semanas más tarde el padre dijo: «Hijo, has mejorado tus calificaciones y veo que estuviste estudiando tu Biblia, pero lamento ver que no te cortaste el cabello».

El muchacho respondió: «Sabes... papá, he estado pensando en eso y noté al estudiar la Biblia que Sansón llevaba el cabello largo, Juan el Bautista llevaba el cabello largo, Moisés llevaba el cabello largo, y hay fuerte evidencia de que Jesús también lo llevaba largo».

(Te encantará lo que contestó el padre.)

«¿Y no observaste que todos ellos iban caminando a todas partes?».

El cambio nos impulsa en la vida y también nos ayuda a obtener lo que queremos.

Cambio. Espero que no te asuste esta palabra, sino que te sirva de inspiración. De todos, los cristianos somos los que mejor preparados estamos para los cambios. Tenemos el Espíritu Santo y la Palabra de Dios. El Señor promete «guiarnos con su ojo», su Palabra será «Lámpara a nuestros pies y lumbrera a nuestro camino», y sus planes para nosotros son «pensamientos de paz, y no de mal, para el fin que esperamos».

Herbert Spencer apuntó: «Lo vivo se distingue de lo muerto porque en todo momento presenta múltiples cambios».

El cambio es evidencia de vida.

Sin cambio es imposible crecer.

Quienes no cambian de idea no pueden cambiar nada.

En verdad, la vida siempre está en algún punto de inflexión.

Las cuatro etapas de la vida son:
1) Crees en San Nicolás
2) No crees en San Nicolás
3) Tú eres San Nicolás
4) Te pareces a San Nicolás

Lo que la gente quiere es progreso; y si no quieren el cambio, ¡será imposible! Hay que cambiar y reconocer que el cambio es nuestro mejor aliado.

La persona que jamás cambia de opinión nunca corrige sus errores.

El camino al éxito siempre está en construcción.

No se puede ser lo que estás destinado a ser si sigues siendo lo que eres.

John Patterson dijo: «Solo los tontos y los muertos no cambian de idea. El tonto no quiere y el muerto no puede».

Oí decir por allí: «Cuando me estaba acostumbrando al ayer, llegó el hoy».

¿Cuántas cosas has visto cambiar en los últimos años?

Si cambias, cambian las oportunidades.

El mismo tipo de ideas y pensamientos que te trajo hasta aquí no necesariamente será el que te lleve a donde quieres llegar.

Sante Boeve descubrió esta verdad: «Hay gente cuyo reloj se detiene a determinada hora, y que permanecen toda su vida en esa época».

Proverbios 13.19 establece: «El deseo cumplido regocija el alma; pero apartarse del mal es abominación a los necios».

El sabio a veces cambia de idea. El tonto, jamás.

Abre tu mente a los cambios que Dios haga en tus planes.

Es señal de fortaleza cambiar cuando sea necesario.

La fórmula del éxito de ayer es muchas veces la receta del fracaso de mañana.

Thomas Watson, fundador de la Corporación IBM, dijo algo que vale la pena considerar: «Hay un mercado mundial para más o menos cinco computadoras». ¡Ahora hay cinco computadoras en cada casa! ¿Dónde estaría hoy IBM si el señor Watson no hubiera estado dispuesto a cambiar?

No temas al cambio. Es la inmutable ley del progreso.

El hombre que usa los métodos de ayer en el mundo de hoy no tendrá más su negocio el día de mañana.

El tradicionalista no es más que la persona cuya mente siempre está abierta a nuevas ideas, siempre y cuando sean las mismas de antes.

«Hay personas que no solo se esfuerzan por mantenerse inmóviles sino que también buscan que todo lo demás permanezca igual… su postura es casi ridícula» (Odell Shepard).

El astronauta del Apolo, James Irwin, dijo: «Podrás pensar que ir a la luna fue el proyecto más científico del mundo pero en realidad "nos arrojaron" rumbo a la luna. Tuvimos que ajustar el rumbo cada 10 minutos y alunizamos a solo quince metros del radio de 800 kilómetros de nuestro objetivo». La vida, como el viaje a la luna, está llena de cambios y ajustes.

Nada hay tan permanente como el cambio.

Mignon McLaughlin expresó: «La persona más infeliz es la que más temor siente ante el cambio».

Cuando se rompen los patrones y la tradición surgen nuevas oportunidades.

Defender tus defectos y errores no hace más que demostrar que no tienes intención de renunciar a ellos.

Todo progreso se debe a quienes no estaban satisfechos con dejarlo todo tal cual estaba.

El cambio no es tu enemigo, sino tu amigo.

CAPÍTULO 34

ESPERA ALGO DE LA NADA

«La fe es poner tus huevos en la canasta de Dios y contar tus bendiciones antes de que rompan el cascarón» (Ramona Carol). Yo agregaría: no preocuparnos de que Él los deje caer.

La fe es la fuerza de la vida plena.

Creo que la razón principal de la infelicidad en el mundo de hoy es la falta de fe.

Los niños tienen razón al creer exactamente todo lo que dice la Biblia. Una madre se preocupaba porque su pequeño preescolar iría caminando a la escuela. No quería que su madre lo acompañara y ella deseaba que pudiera sentirse independiente, poco a poco. Pero también quería asegurarse de que estuviera a salvo.

Entonces tuvo una idea. Le pidió a una vecina si podía seguir al pequeño por las mañanas, manteniendo cierta distancia para que él no lo notara. La mujer dijo que como se levantaba temprano por su hija de un año, les vendría bien a ambas un poco de aire y ejercicio, y por eso aceptó.

Al día siguiente la vecina y su pequeñita salieron tras Timmy mientras el pequeño caminaba hacia la escuela con otra vecinita. Lo mismo sucedió todos los días de esa semana.

Mientras los chicos caminaban y hablaban, pateando piedritas y ramitas, la amiguita de Timmy observó que la misma mujer les seguía, como lo había hecho toda la semana. Finalmente le dijo a Timmy:

—¿Notaste a esa mujer que nos sigue hasta la escuela todos los días? ¿La conoces?

—Sí, sé quién es —dijo Timmy sin preocuparse.

—¿Quién es? —quiso saber la vecinita.

—Es Elbien —dijo Timmy—, y su hijita, a quien llaman Misericordia.

—¿Elbien? ¿Quién es y por qué nos sigue?

—Bueno — le explicó Timmy—. Todas las noches mi mamá me hace repetir el Salmo 23 cuando digo mis oraciones porque se preocupa mucho por mí. El salmo dice «el bien y la misericordia me seguirán todos los días de mi vida», así que supongo que tendremos que acostumbrarnos.

No hay nada como la fe de un niño. ¿Qué es la fe? John Spaulding dijo: «Tu fe es lo que crees, no lo que sabes».

El Dr. Alexis Carrel afirma: «Es la fe, y no la razón, la que impulsa a los hombres a actuar. La inteligencia se contenta con señalar el camino pero nunca va tras el volante».

Concuerdo con Blas Pascal: «La fe es mejor guía que la razón. La razón puede llegar hasta cierto punto. Pero la fe no tiene límites».

Corrie Ten Boom decía: «La fe es como el radar que atraviesa la niebla de la realidad de las cosas, cuando la distancia impide que el ojo humano pueda ver».

La fe ve lo invisible, cree lo increíble y recibe lo imposible. En 2 Corintios 5.7 la Biblia nos desafía a caminar por la fe, no por la vista.

La indecisión paraliza el fluir de tu fe. La fe exige decisión antes de poder actuar. Todo logro, grande o pequeño, empieza por creer en algo.

La fe da rienda suelta a lo milagroso. Es el camino a la divina influencia de Dios. Es cierto lo que dice el pastor Tommy Barnett: «Fe es simplemente incluir a Dios en la imagen».

Pero, ¿dónde nos encontramos con Dios? «Dios viene a nuestro encuentro al nivel de nuestras expectativas, no al de nuestras esperanzas» (Gordon Robinson).

A veces la fe cree que lo que ves no es como lo ves. Por eso la Biblia dice en Hebreos: «La fe es la certeza de lo que se espera, la convicción de lo que no se ve» (11.1).

Pon a trabajar la fe en esos momentos en que resultaría más fácil acudir a la duda.

La fe es el ancla del alma, el estímulo a la acción, el incentivo al logro.

La fe jamás te abandonará. Eres tú quien tiene que decidir si te alejarás de ella.

No hay nada como la fe como guía precisa para la vida.

La fe te da la audacia de enfrentar el presente con confianza y el futuro con expectativa.

Por lo general no es la envergadura de nuestros problemas, sino la pequeñez de nuestra fe, lo que hace que nos rindamos o nos quejemos.

La obediencia es el método que usa Dios para proveer en tu vida.

«Si quisiereis y oyereis, comeréis el bien de la tierra» (Isaías 1.19).

Ese acto de fe al que Dios te llama es el disparador para los recursos que Él te dará.

La obediencia trae bendición. La obediencia tardía es desobediencia. Obedecer significa «ya mismo».

La fe protege al hombre que protege la fe.

Nadie puede vivir en duda cuando ha orado en fe.

La fe mueve montañas o construye túneles a través de ellas.

San Agustín dijo: «Fe es creer lo que no vemos y la recompensa de esta fe es ver lo que creemos».

J. F. Clarke dijo: «Toda la fuerza del hombre proviene de su fe en las cosas invisibles. El que cree es fuerte. El que duda es débil. Las grandes acciones se ven precedidas por fuertes convicciones».

Hace falta fe para lograr lo que sea que valga la pena.

George Spaulding comentó: «La vida sin fe en algo es un espacio demasiado estrecho para vivir».

Si no vives por la fe, te sentirás acalambrado toda tu vida.

A medida que aumenta tu fe hallarás que ya no necesitas sentirte al mando. Las cosas fluyen como Dios lo decide, y tú puedes fluir con ellas, para tu bien y tu felicidad.

Colin Hightower afirmó: «La fe es construir sobre lo que sabes que está para poder llegar a lo que sabes que estará».

Escucha a Franklin Roosevelt: «El único limité a nuestra concreción del mañana es nuestra duda del hoy».

Avancemos, con fe firme y activa.

PASA...

Pasa de pensar que Dios no puede, a confiar que lo hará.
Pasa del rechazo a la reconciliación.
Pasa de lo común a lo creativo.
Pasa del quebranto a la restauración.
Pasa de los celos al gozo.
Pasa de la queja a la victoria.
Pasa del intento al compromiso.
Pasa de la copia al original.
Pasa de la envidia al servicio.
Pasa de la mezquindad racional a la generosidad irracional.
Pasa de la furia al perdón.
Pasa de la crítica al elogio.
Pasa de la indecisión a lo invencible.
Pasa de lo helado al fuego.
Pasa de la tensión a la satisfacción.
Pasa de la frustración al aprendizaje.
Pasa del lamento del pasado a la esperanza del futuro.
Pasa de la irritación a la inspiración.
Pasa de la seguridad a la oportunidad.
Pasa de la frustración a la concentración.
Pasa del miedo a la fe.
Pasa del rechazo a la bienvenida.
Pasa de pensar en ti a hacer por los demás.
Pasa de la queja a la consecución.
Pasa del enojo a la unción.
Pasa del caos a la calma.
Pasa de vagar al rumbo cierto.
Pasa del problema a la respuesta.
Pasa del desaliento a la determinación.

Pasa de la excusa a la acción.
Pasa de la postergación al progreso.
Pasa de la duda a la obediencia.
Pasa de la muchedumbre a la excelencia.
Pasa de la desesperanza a la concentración.
Pasa del tomar al dar.
Pasa del deseo a la sabiduría.
Pasa de la preocupación a la Palabra.
Pasa de llenarte de ti a llenarte de Dios.

CAPÍTULO 35

LOS QUE SE ATREVEN, HACEN

Como la sequía se prolongaba durante lo que parecía una eternidad, la pequeña comunidad de agricultores no sabía qué hacer. La lluvia era importante para la salud de sus cultivos y como sostén de su estilo de vida.

El problema empeoraba y el pastor convocó a una reunión de oración en que pedirían que lloviera. Fue mucha gente. El pastor saludó a la mayoría, mientras iban entrando al santuario.

Al pasar al frente de la iglesia para dar por iniciada la reunión de manera oficial, notó que casi todos estaban conversando en los pasillos, socializando con sus amigos. Al llegar al frente, pensó en hacer que callaran para empezar con la reunión.

Con la mirada recorrió la multitud, pidiendo silencio. Y notó a una niña de once años, sentada en silencio en la primera fila. Su carita brillaba de entusiasmo. Y junto a ella, preparado y listo, tenía un paraguas de color rojo brillante. La belleza e inocencia de la niña hizo que sonriera, al ver la fe de la pequeña. Nadie más había traído un paraguas.

Todos habían venido a pedir que lloviera, pero la niña había venido con la certeza de que Dios respondería.

Ten certeza de que Dios responderá.

Todas las batallas importantes se libran dentro de nosotros mismos. Nadie ha logrado nada de importancia sin creer que Dios era superior a cualquier circunstancia.

1 Juan 4.4 afirma: «Mayor es el que está en vosotros, que el que está en el mundo».

«No esperes a que todos los semáforos estén en verde antes de salir de casa» (Jim Stovall).

No hagas nada que no requiera de la fe y la ayuda de Dios.

G. C. Lichtenberg afirmó: «No emprendas nada si no tienes el coraje de pedir la bendición del cielo para lo que hagas».

Ed Cole pensaba en la fe cuando dijo: «Hay tres niveles de conocimiento: Dios está a mi favor. Dios está conmigo. Dios está en mí».

El Salmo 56.9 lee: «Serán luego vueltos atrás mis enemigos, el día en que yo clamare; esto sé, que Dios está por mí».

Acepta y reconoce solo esos pensamientos que contribuyan a tu éxito, que estén en línea con la Palabra de Dios y su voluntad para tu vida.

Wayne Gretsky es, sin duda, el jugador de hockey más grande de la historia. Le preguntaron cuál era el secreto para seguir liderando las ligas nacionales de hockey como goleador, año tras año, y dijo: «Voy allí donde irá la bocha, no donde estaba».

Atrévete a ir más allá de lo que ves.

«No busques entender lo que puedas creer, sino más bien, cree para que puedas entender» (San Agustín).

Hay muchos que esperan poco de Dios, piden poco y reciben poco, y se contentan con poco.

Sherwood Eddie afirmó: «La fe no es tratar de creer en algo a pesar de la evidencia, sin atreverse a hacer algo a pesar de las consecuencias».

Sinceramente creo que lograríamos mucho más si no viéramos automáticamente que las cosas son imposibles.

Theodore Roosevelt dijo: «Es mucho mejor atreverse a lo grande, ganar triunfos gloriosos incluso habiendo fracasado a veces, que contarse entre los pobres espíritus que no disfrutan ni sufren mucho porque viven en la gran zona gris que no conoce ni la victoria ni la derrota».

Uno de los riesgos más grandes que puedas correr en la vida es ser demasiado precavido y nunca dar un paso en la fe.

Dios nos dio el rostro en la parte superior del cuerpo para que podamos mirar el cielo, dirigiendo los ojos hacia Él.

Nunca digas que las condiciones no están dadas. Limitarás a Dios. Si esperas a que las condiciones sean las adecuadas, nunca obedecerás a Dios.

En Isaías 1.19 la Biblia dice: «Si quisiereis y oyereis, comeréis el bien de la tierra».

Quienes se atreven, hacen; quienes no se atreven, no hacen.

Isak Dineson afirmó: «Dios hizo el mundo redondo para que nunca pudiéramos ver el final del camino».

Quien no se atreve a nada, no necesita esperar nada.

Has llegado al estancamiento cuando lo único que ejercitas es la precaución.

A veces hay que seguir adelante a pesar de ese miedo que te martilla la cabeza y te dice: «Vuelve atrás».

Si Dios está afuera, algo no anda bien adentro.

Dios nunca permitirá que enfrentes nada que Él y tú no puedan manejar juntos.

Mary Lyon dice: «Confía en Dios y actúa».

Dios dijo: «Vengan al borde».
Y respondimos: «Es demasiado alto».
«Vengan al borde».
Dijimos: «Podríamos caer»
«Vengan al borde», dijo Dios.
Y fuimos.
Y nos empujó.
Y volamos.

CAPÍTULO 36

LO QUE TEMES DEL MAÑANA TODAVÍA NO HA LLEGADO

Mucha gente se preocupa por el futuro cuando debiera estar preparándose para enfrentarlo.

El miedo impide que ejercites el músculo del riesgo.

Cuando la preocupación te roba la paz, el ladrón está dentro de ti.

Jamás aceptes el consejo del miedo. Siempre hay otro camino.

Las cosas rara vez son lo que parecen.

Jamás le des problemas al problema hasta que te cause problemas.

Arthur Roche dijo: «La preocupación es el miedo que a gotas invade nuestras mentes. Si lo permites, irá creando un canal por el que se escurrirán todos los demás pensamientos».

La preocupación parece ser el pecado que casi nadie teme cometer.

Antes temíamos a Dios. Ahora tememos a todo lo demás.

Nicholas Berdyaev dice: «El primer deber espiritual del hombre es conquistar el miedo».

No pierdas tiempo con las dudas y los miedos sobre lo que todavía no tienes o podrías tener.

El miedo, como el bebé, va creciendo a medida que lo alimentas.

El miedo quiere crecer más rápido que los adolescentes.

Disraeli indica: «No hay nada en la vida más notable que la preocupación innecesaria que soportamos y que, por lo general, hemos creado nosotros mismos».

Hay que actuar a pesar del miedo… no a causa de él.

**Si tienes miedo de salir al ruedo,
quizá nunca venzas al toro.**

Lucy Montgomery apuntó: «Solo te parece que estás haciendo algo cuando estás preocupado».

La preocupación no ayuda con los problemas del mañana, pero hace que se empañe la felicidad del hoy.

«Cansa más el día de preocupación que el día de trabajo» (John Lubbok).

Cuando te preocupas por el futuro no habrá futuro del que debas preocuparte.

No importa cuánto temas al futuro, seguramente querrás estar allí para verlo.

La verdad es que hay más gente que se preocupa por el futuro de la que hay preparándose para vivirlo.

En vez de preocuparte, haz lo que aconseja el Dr. Rob Gilbert: «Está bien sentir mariposas en el estómago. Solo haz que vuelen en formación».

La Hermana Mary Tricky afirmó: «El miedo es la fe en que no funcionará».

La Biblia dice en el Libro de los Salmos: «Dios es nuestro amparo y fortaleza, nuestro pronto auxilio en las tribulaciones. Por tanto, no temeremos» (46.1).

No temas, porque el Señor está contigo. Jamás te abandonará ni dejará que enfrentes a solas tus problemas.

Solo la mente es capaz de producir miedo.

Jesús dijo: «¿Y quién de vosotros podrá, por mucho que se afane, añadir a su estatura un codo?» (Mateo 6.27).

Somos nosotros los que decidimos nuestras alegrías y miedos, mucho antes de que los vivamos.

Concuerdo con Hellen Keller: «Es reconfortante y profundo el sentimiento de saber que lo que se ve es temporal y que lo que no se ve es eterno».

George Porter afirmó: «Siempre mantente en guardia contra tu imaginación. Crea muchos leones en tu camino, con toda facilidad. Sufrimos demasiado si no hacemos oídos sordos a los cuentos que susurra en nuestra mente».

La preocupación jamás arregla nada. Más bien, ataca el miedo con la acción.

Shakespeare escribió: «Nuestras dudas son traidoras y nos hacen perder lo que podríamos ganar, por miedo a intentarlo».

Emanuel Celler afirma: «No te arremangues los pantalones antes de llegar al arroyo».

«Si algo te angustia desde afuera, el dolor no se debe a la cosa misma sino a lo que piensas de ella. Tú eres quien tiene el poder de derribar esa angustia, cuando lo desees» (Marco Aurelio).

Los miedos mienten y no nos llevan allí donde podríamos haber vencido.

Siempre hay dos voces que nos hablan al oído: la voz del miedo y la voz de la fe. Una es el clamor de los sentidos. La otra es el suave murmullo de Dios.

Jamás permitas que tus preocupaciones te impidan ir tras tu sueño.

CAPÍTULO 37

TODA PERSONA MEDIOCRE TIENE BUENAS INTENCIONES

Quiero preguntarte algo trillado: «¿Esperas en Dios o es Él quien te está esperando?». Creo que casi todo el tiempo es Dios quien nos espera, listo para darnos lo que tiene. ¿Dios es tu esperanza o tu excusa? Estoy convencido de que Dios quiere que tomes la iniciativa, que vivas tomando la ofensiva. William Menninger dijo: «La cantidad de satisfacción que obtengas de la vida dependerá en mucho de tu ingenio, tu autosuficiencia y el uso de tus recursos. Quienes pasan la vida esperando que la satisfacción llegue sola, por lo general solo encuentran aburrimiento».

Al viajar por los Estados Unidos y el mundo vi muchas cosas. A veces vuelvo al mismo lugar, con la misma gente, después de años. Muchas veces me asombra algún cambio en el aspecto de las personas (y me alegro de que yo no envejezca). Pero en ocasiones no sucede así (es gente afortunada). Cada tanto me encuentro con alguien que ha quedado exactamente en el mismo lugar en que estaba cuando nos encontramos mucho antes. Es como si estuvieran envueltos en un momento del tiempo. El mismo problema, las mismas excusas, la misma historia, el mismo «sinfín». Y hay un hecho absoluto… son infelices, siempre. Hay una razón para eso. Hacen, actúan y son lo mismo, año tras año. No me extraña que vivan tristes, sufriendo siempre.

E. M. Bounds declaró: «No hay lugar ni aliento en la religión de la Biblia para los deseos tibios, los esfuerzos sin entusiasmo, la actitud perezosa. Todo tiene que ser ardiente, urgente, esforzado. Los deseos ardientes, la pasión, la insistencia sin descanso deleita al cielo. Dios quiere que sus hijos sean apasionados, sinceros y persistentemente valientes en sus esfuerzos».

Cuando eres valiente su poder glorioso viene en tu auxilio.

Helen Keller dijo: «Jamás bajes la cabeza. Mantenla en alto. Mira al mundo directo a los ojos».

Si quieres éxito, aprovecha las oportunidades que vayan llegando.

Concuerdo con Jonathan Winters: «No podía esperar al éxito, así que salí sin él».

Lillian Hellman expresó: «Es mejor actuar con confianza y seguridad, aunque no tengas derecho a hacerlo».

El camino a las alturas de la grandeza siempre es empinado, pedregoso, difícil.

Albert Hubert observó: «Quien quiere leche no puede sentarse en medio de un campo esperando a que la vaca acuda a su lado».

La puerta de la oportunidad solo se abre cuando la empujas.

Estar a la defensiva jamás produce victoria.

Creo que Dios ayuda al que tiene coraje.

Haz como Sara Teasdale, que señaló: «Aprovecho todo lo que viene y desaprovecho todo lo que se va».

Una acción valiente vale más que mil buenas intenciones.

«La seguridad es ante todo una superstición. No existe en la naturaleza, ni la viven los hijos del hombre como experiencia integral. Evitar el peligro a la larga no es más seguro que vivir expuestos. La vida, o es una aventura que te desafía, o no es nada» (Hellen Keller).

Dijo George Adams: «En esta vida conseguimos solo aquello que buscamos, aquello por lo que nos esforzamos, por lo que estamos dispuestos a hacer sacrificios».

No te limites a enfrentar las oportunidades y los problemas: atácalos.

Piensa en lo que dijo B. C. Forbes: «El hombre mediocre espera que la oportunidad toque a su puerta. El hombre fuerte, capaz y alerta, sale en busca de la oportunidad».

Hay oportunidades dondequiera que mires. Ve y búscalas.

CAPÍTULO 38

¡SAL AL RUEDO!

El padre de un niño era entrenador de caballos, y su familia tenía que mudarse de establo en establo, de campo en campo, según tuviera trabajo. El niño tenía que interrumpir sus estudios cada tanto. Un día, cuando estaba a punto de terminar la escuela, la profesora le pidió que escribiera qué le gustaría ser cuando llegara a la adultez. No lo dudó un minuto y escribió siete hojas sobre su meta de llegar a ser dueño de un campo de caballos. Y añadió muchos detalles, como la ubicación de los edificios y los establos, y hasta un plano detallado de la casa.

Dos días más tarde, recibió su composición. Sobre la primera página había una mala nota, escrita en grande. Al término del día se acercó a la profesora y le preguntó por qué su calificación había sido tan mala.

Ella contestó: «Es un sueño muy poco realista para un chico como tú, que no tiene dinero, no tiene recursos y tiene una familia itinerante. No hay posibilidad de que llegues a alcanzar esas metas tan ambiciosas». Luego le ofreció la oportunidad de volver a escribir un trabajo, con una conclusión más realista.

El chico fue a casa y le preguntó a su padre qué debía hacer. Su padre le dijo: «Es una decisión muy importante. Así que tendrás que tomarla tú».

Tras varios días el muchacho le llevó a su profesora el mismo trabajo, sin cambios. Dijo: «Quédese usted con la mala nota. Yo me quedaré con mi sueño».

Hoy, ese soñador llamado Monty Roberts vive en una casa preciosa, en un campo de 80 hectáreas donde cría caballos y sobre la pared de su sala está enmarcado el papel con la mala nota.

Todo el mundo tiene algo que ama. Y lo que amamos nos forma, nos motiva. Es nuestra pasión.

Si ignoras eso que te apasiona estarás ignorando uno de los potenciales más grandes que Dios te haya puesto dentro.

Di que no a quienes quieren impedir que progreses. Di que sí al sueño que llevas dentro.

¿Qué es lo que te acelera el pulso? ¿Qué es lo que quieres aprender, conocer más, con hambre insaciable? ¿Con qué cosas sueñas aunque estés despierto? ¿Qué es lo que se apodera de tu corazón y de tu atención?

La vida es demasiado corta como para pensar en pequeño.
Más bien, sigue el consejo de Joel Budd: «Sal del mapa».

Muchos podrían hacer más de lo que creen pero por lo general hacen menos de lo que creen poder hacer.

Jamás sabrás lo que puedes hacer hasta que lo intentes.

Concuerdo con Oscar Wilde, que dijo: «La moderación es algo fatal. No hay nada como el exceso para alcanzar el éxito».

Todo es posible. Nunca uses la palabra nunca.

Charles Schwab afirmó: «El hombre que le pone límite a lo que hará, ha puesto límites a lo que puede hacer».

El Dr. J. A. Holmes aseveró: «Jamás le digas a un joven que no se puede hacer algo. Dios quizá estuvo esperando por siglos hasta que llegara alguien lo suficientemente ignorante de lo imposible como para hacerlo».

Si devalúas tus sueños, ten la seguridad de que el mundo no aumentará su precio.

Hallarás que pocas veces los grandes líderes son «realistas» según el criterio de la mayoría.

La respuesta a tu futuro está fuera de los confines que hoy te encierran.

Si quieres ver si sabes nadar no te frustres en las aguas poco profundas.

Cavett Robert dijo: «Quien elige un objetivo en la vida que puede cumplirse ya ha definido sus propias limitaciones».

Mejor, sé lo que aconseja Art Sepulveda: «Haz historia y estremece al mundo».

Ve allí donde no hayas estado jamás.

Ronald McNair destaca: «Solo te conviertes en ganador si estás dispuesto a caminar por el borde».

Adopta la perspectiva de Randy Loescher: «Dios dice: "Pídeme la montaña"».

La Biblia dice: «Lo que es imposible para los hombres, es posible para Dios» (Lucas 18.27).

Levanta la tapa de la olla. Conoce tus límites y luego ignóralos.

Habrá quien sea más inteligente, más instruido, más experimentado que tú, pero nadie tiene posesión exclusiva de los sueños, el deseo o la ambición.

De la semilla de una idea pueden crearse mil bosques de oportunidades.

Debemos observar el futuro y actuar antes de que ocurra.

«Nadie que no vea visiones podrá concretar grandes esperanzas ni emprender algo grande», dijo Woodrow Wilson.

La Biblia dice: «Donde no hay visión, el pueblo se extravía» (Proverbios 28.19). Eso no es lo mejor que Dios quiere para ti.

La insatisfacción y el desaliento no son resultado de la ausencia de cosas sino de la ausencia de visión.

El no tener imaginación hace que tu vida sea menos de lo que debiera ser.

Cuando trepas al árbol más alto te ganas el derecho a los mejores frutos.

Dag Hammarskjold dijo: «¿Es tan maldita la vida? ¿No será que tus manos son demasiado pequeñas y tu visión se ha nublado? Eres tú quien debe madurar».

Gloria Swanson expresó: «Nunca digas nunca. Nunca es algo largo, no confiable, y la vida está muy llena de posibilidades muy ricas como para que se le impongan restricciones».

Creer que una idea es imposible es hacer que lo sea.

Piensa en cuántos proyectos fantásticos no llegaron a nada porque las ideas eran demasiado pequeñas o porque la imaginación cobarde las estranguló al nacer.

Me gusta lo que dijo Marabeau. Al oír la palabra «imposible», respondió: «No quiero volver a oír esa estúpida palabra jamás».

Pearl Buck expuso: «Todo es posible hasta que se demuestra que es imposible. Hasta lo imposible puede serlo solo a partir de ahora».

John Ruskin explicó: «Sueña grandes sueños y eso serás. Tu visión es la promesa de lo que finalmente descubrirás».

Siempre hay alguien que hace algo que otro dice que no se puede hacer.

Atrévete a pensar lo impensable.

Desarrolla una capacidad infinita para ignorar lo que te digan que no se puede hacer. No te conformes con crecer allí donde te plantaron. Florece y da frutos.

Daniel Webster dijo: «Siempre hay lugar en la cima».

Nadie puede predecir lo alto que podrás volar.

Ni siquiera tú sabrás, hasta que despliegues las alas.

Spirella escribió:
No hay entusiasmo en navegar con facilidad con cielos azules y claros,
Ni gozo en meramente hacer lo que cualquier otro puede hacer.
Sí hay cierta satisfacción, que sabe dulce,
Cuando llegas al destino que pensaste que era inalcanzable.

EL ALFABETO DEL ÉXITO

A Acción y alegría
B Brío
C Convicción y celo
D Decisión
E Esfuerzo
F Fe
G Generosidad
H Honor
I Intención
J Jesús
K Kilos de conocimiento
L Luz y alegría
M Moral
N Nobleza
O Objetivo
P Propósito
Q Querer
R Rectitud
S Sacrificio propio
T Ternura
U Unión
V Virtud
W Watts de energía
X E(X)pectativa
Y Yo te alabo, Señor
Z (Zarandéate y actúa)

CAPÍTULO 39

ADOPTA LA VELOCIDAD DE DIOS

Dios es un Dios de momentos justos y dirección. Quiere que sepamos qué hacer y cuándo hacerlo.

El Salmo 32.8 dice: «Te haré entender, y te enseñaré el camino en que debes andar; sobre ti fijaré mis ojos».

No vivas por delante ni por fuera de la voluntad y el camino de Dios.

Beverly Sills indica: «No hay atajos que lleven adonde valga la pena».

El camino a la cima no es rápido ni fácil.

Lo que vale la pena nunca sucede apurado, así que sé paciente.

Debido a la impaciencia nos salimos de la voluntad de Dios, y cuando la impaciencia es continua, no volvemos jamás.

No te impacientes. Recuerda que no te calientas las manos quemándote los dedos.

Cuanta menos paciencia tengas, más rápido la perderás.

Dios no creó el apuro.

Lord Chesterfield decía: «Quien está apurado muestra que lo que se propone le queda demasiado grande».

Cuando estás fuera del tiempo que corresponde, plantas apuro y cosechas frustración.

Hay más en la vida que vivir a toda velocidad.

Quien vive corriendo llega más rápido a su fin.

El criterio lento vale más que mil conclusiones apuradas.

La decisión apurada y equivocada rara vez nos lleva a un buen final.

Hay muchas personas que dejan la oportunidad correcta de lado por seguir otras oportunidades.

Siempre aplica luz, no calor, a tus sueños.

Dios nos enseña: «Lámpara es a mis pies tu palabra, y lumbrera a mi camino» (Salmos 119.105).

No te apresures cuando el éxito dependa de la precisión.

Quienes usan su tiempo de la peor manera son los primeros en quejarse de que no les alcanza.

El que anda corriendo no puede ganar, a menos que corra hacia el objetivo adecuado.

Brendon Francis comentó: «Fracasar en una tarea puede ser por haberla emprendido en el momento incorrecto».

Si ha pasado el momento, de nada sirve prepararse.

Leonardo dice: «El tiempo permanece lo suficiente para quien está dispuesto a usarlo».

El problema con vivir a toda velocidad es que también llegas demasiado rápido al otro lado.

Søren Kierkegaard expresó: «La mayoría de las personas van tras el placer con tanto apuro que pasan de largo sin verlo».

El apuro causa desperdicio: dale tiempo al tiempo.

Muchos sobreestiman lo que pueden hacer en un año, pero subestiman lo que podrían hacer en toda una vida.

Tu éxito no tiene mucho que ver con la velocidad pero sí con el tiempo y la dirección.

¿De qué sirve correr si vas por el camino equivocado?

La clave está en hacer lo que corresponde en el momento justo.

Tryon Edwards expuso: «Aparta un tiempo y un lugar para cada cosa, y haz cada cosa a su tiempo y en el lugar adecuado. No solo lograrás más, sino que tendrás más tiempo de ocio que quienes siempre están corriendo».

El problema es que los que quieren hacer mucho nunca se detienen lo suficiente como para permitir que la oportunidad les alcance.

¿De qué sirve apuntar si no sabes cuándo jalar el gatillo?

Las ideas no son sedentarias... siempre tendrás que moverte con ellas.

«Hay algo más fuerte que todos los ejércitos del mundo, y es la idea para la que ha llegado el momento adecuado», dice Víctor Hugo.

Bruyere indicó: «No hay camino demasiado largo para quien avanza deliberadamente sin apuro indebido; no hay honor demasiado distante para quien se prepara con paciencia».

Muchas veces la acción que ejecutas en el momento justo no tiene relación inmediata con la respuesta. Solo sirve para que estés en el lugar indicado en el momento justo.

Somos más felices cuando descubrimos que lo que debiéramos estar haciendo coincide con lo que hacemos.

Si te diriges al lugar correcto, sigue caminando.

Francis Bacon dice: «El rengo que va por el camino correcto llega antes que el atleta que va por el camino equivocado… cuanto más veloz y activo sea este último, tanto más se desviará».

Adopta el ritmo correcto: si te apuras, alcanzarás el infortunio. Si vas demasiado despacio, el infortunio podría alcanzarte.

La Biblia dice: «Lámpara es a mis pies tu palabra, y lumbrera a mi camino» (Salmos 119.105).

Deja que Dios te guíe y evitarás todos los lugares errados.

CAPÍTULO 40

LOS MILAGROS EMPIEZAN EN TU CORAZÓN

Cuando me enfrento a una nueva oportunidad, o a un desafío, por lo general me pregunto: «¿Tengo un corazón puro y el espíritu correcto?».

El Salmo 139.23-24 nos presenta esta oración: «Examíname, oh Dios, y conoce mi corazón; pruébame y conoce mis pensamientos; y ve si hay en mí camino de perversidad, y guíame en el camino eterno».

Los niños son excelentes ejemplos del buen corazón, aun cuando a veces se equivoquen. Una mañana la abuela se sorprendió al ver a su nieto de siete años. Le había preparado su café. Bebió el peor café de su vida y cuando terminó, vio que dentro de la taza había unos soldaditos verdes. «Amor, ¿qué hacen estos soldados en mi café?». El niño le dijo: «Abuela, en la propaganda de la tele dicen que la mejor parte de comenzar el día es que en tu taza haya un ejército».

El arma del valiente reside en su corazón.

Primero tienes que creer para poder lograr.

«Hay muchas cosas que atraen mi mirada, pero solo unas pocas que apelan a mi corazón… y esas son las que pienso buscar» (Tim Redmond).

Horace Rutledge dijo: «Cuando miras el mundo con lente estrecho, ¡qué maldades ves! Cuando lo ves con ojo egoísta, ¡qué egoísmo encuentras! Pero cuando lo ves con espíritu amplio y generoso, ¡lo encuentras maravilloso!».

La Biblia nos aconseja probar todas las cosas, aferrándonos a las que son buenas (1 Tesalonicenses 5.21).

Margaret Mitchel dijo esta verdad: «No hay nada en el afuera que pudiera derrotarnos».

James Allen añadió: «Serás tan pequeño como lo sea el deseo que te controla y tan grande como lo sea la aspiración que te gobierne».

Recuerda esto: si no tienes fuerza interior, no tendrás respeto exterior.

Aquello en lo que pongas el corazón determinará cómo vivirás tu vida.

2 Crónicas 16.9: «Porque los ojos de Jehová contemplan toda la tierra, para mostrar su poder a favor de los que tienen corazón perfecto para con él».

Dios responde a los corazones puros.

Así que, que te mueva la convicción, no el ego.

«Aprender a alabar a Dios después de la respuesta es obediencia. Aprender a alabar a Dios antes de la respuesta es fe. La obediencia es buena, pero lo que mueve a Dios es la fe» (Bob Harrison).

La fe levanta un puente de este mundo al siguiente.

Antes de llegar algo tienes que llegar profundo.

Dios no planta un anhelo en tu corazón si no piensa satisfacerlo.

Lo triste es que confiamos demasiado en el corazón y poco en la cabeza.

Tus ojos buscan la oportunidad y tus oídos escuchan pidiendo dirección. Tu mente pide un desafío y tu corazón anhela el camino de Dios.

Tu corazón tiene ojos que el cerebro ni conoce.

Si el objetivo de alguien en este mundo es el correcto, se salvará del fuego en el siguiente.

Muchos niños temen a la oscuridad y muchos adultos temen a la luz.

William Hazlitt observó: «Si la humanidad deseara lo correcto lo habría conseguido hace mucho tiempo».

Roger Babson añadió: «Si las cosas no van bien, empieza a esforzarte para corregir la situación examinando con atención el servicio que ofreces y, en especial, en qué espíritu lo haces».

Saber lo que está bien y no hacerlo es tan malo como hacer el mal.

Invita a los problemas y llegarán temprano.

Ahórrate muchos problemas: no te hagas cargo de los ajenos.

Más sobre los problemas: no te hace falta haberte librado de problemas viejos para que haya lugar para los nuevos.

Nada cuesta más que hacer lo incorrecto.

El hombre que toma prestados los problemas ajenos siempre estará en deuda.

La mejor forma de huir del mal es perseguir el bien.

Quien persiste en coquetear con los problemas pronto acaba casado con ellos.

Camina derecho. En cada curva torcida pierdes tiempo, demorando tu llegada al éxito.

El pastor Joel Budd dijo: «El corazón hambriento es como un paracaídas. Cuando tiras de él, se abre y te salva».

Mantén tu cabeza y tu corazón en la dirección correcta y no tendrás que preocuparte por los pies.

CAPÍTULO 41

NO EXISTE LA EXAGERADA DEPENDENCIA DE DIOS

El que no cree en los milagros no es realista. Mira alrededor de ti. No hay nada más real que los milagros.

Si dejas fuera a Dios, pronto te hallarás sin medios invisibles de apoyo.

Nadie ha logrado algo grandioso sin el valor de creer que Dios dentro de él era superior a cualquier circunstancia.

Mucha gente cree en Dios, pero no muchos le creen a Dios.

Una de las condiciones más asombrosas para vivir es la posición continua de creerle a Dios.

«Dios nos creó, y Dios puede darnos capacidad para hacer lo que sea que nos llame a hacer. Negar que podemos cumplir la obra de Dios no es humildad, sino orgullo de la peor clase» (Warren Wiersbe).

Quien pone a Dios primero encontrará a Dios a su lado, hasta el final.

«Reconócelo [a Dios] en todos tus caminos, y él enderezará tus veredas» (Proverbios 3.6).

No será digno de llamarse guía de Dios si no incluye la confianza en Él.

Toda guía divina que recibamos de Dios le incluirá.

«Dios nunca hace una promesa demasiado buena como para ser verdad» (D. L. Moody).

Una de las mejores cosas de creerle a Dios está en Lucas 18.27: «Lo que es imposible para los hombres, es posible para Dios».

Cuando te unes a Dios en su plan, lo que era imposible se hace posible.

El hombre superior busca el éxito en Dios. El hombre pequeño lo busca dentro de sí.

Jamás habrás utilizado los recursos de Dios hasta que intentes lo imposible.

Decir «imposible» siempre te ubica del lado que pierde.

Si sueñas en grande, crees en lo grande, y si oras en grande ¿sabes qué sucede? ¡Cosas grandes!

En la historia casi todo lo que valió la pena hacer parecía imposible hasta que alguien lo intentó.

Lo posible es nuestra más alta responsabilidad.

Si pusieras un aguilucho en una jaula pequeña y sin techo, el ave, a pesar de que puede volar, quedaría prisionera. El motivo es que para levantar vuelo necesita correr casi tres metros. Sin espacio para esta carrera ni siquiera intentará volar, por lo que permanecerá en su prisión pequeña, sin techo.

Si dejas caer un abejorro dentro de un jarro quedará allí hasta que muera, a menos que le hagas salir. No ve forma de escapar por arriba, y persistirá en buscar una salida en las paredes del jarro, cerca del fondo. Buscará la salida donde no la hay, destruyéndose por completo.

No seas como el aguilucho o el abejorro. No pases la vida sumido en problemas y frustraciones sin ver que la respuesta está allí, justo arriba.

La forma en que enfrentarás cada día dependerá de sobre quién posas tus ojos. Mira a Dios. Créele a Dios. Cuando le crees a Dios ves una oportunidad en cada problema, no problemas en medio de cada oportunidad.

Proverbios 16.3 dice la verdad: «Encomienda a Jehová tus obras, y tus pensamientos serán afirmados».

Josué 1.9 también declara: «Mira que te mando que te esfuerces y seas valiente; no temas ni desmayes, porque Jehová tu Dios estará contigo en dondequiera que vayas».

Todo lo grandioso tiene a Dios como componente y partícipe.

Atrévete a ir con Dios, más lejos de lo que puedas ver en este momento.

Si algo es bueno para ti Dios lo pondrá a tu alcance. Uno de los salmos de la Biblia dice: «[Dios] No quitará el bien a los que andan en integridad» (Salmos 84.11).

Jamás emprendas nada por lo que no tengas la convicción de pedir la bendición del cielo.

El hombre pequeño se yergue sobre otros hombres. El hombre grande se yergue en Dios.

No logro entender por qué hay gente que no cree en Dios. Puedes ver a Dios en todas partes, si tan solo miras.

Que tu corazón se mantenga puro: «proseguirá el justo su camino, y el limpio de manos aumentará la fuerza» (Job 17.9).

El corazón puro aumenta tu fuerza. Mantén puro tu corazón, en especial cuando sufra heridas. Te conocerán por la forma en que hables, camines y llores.

No hay poder en el mundo que pueda mantener hundido al hombre de primera y mantener en alto al hombre de tercera.

Siempre hay un precio alto para quien vive sumido en el pantano.

Dale a Dios el lugar de supremacía en tu corazón, el mismo que tiene en el universo.

Permite que Dios cree en ti un espíritu recto y un corazón limpio. Permite que te eleve.

Puedes confiar poco en el Señor, pero jamás podrás confiar exageradamente en Él.

Con su fuerza detrás de ti, su amor a tu lado y sus brazos sosteniéndote, eres más que suficiente para los días que vendrán.

«Confío en que Dios está de nuestro lado. Pero lo más importante es saber que nosotros estamos del lado de Dios» (Abraham Lincoln).

CAPÍTULO 42

DIOS PUEDE

¿Ha terminado Dios contigo? Si sigues respirando, la respuesta es no. No mueras hasta que mueras. El Salmo 138.8 dice: «Jehová cumplirá su propósito en mí». Dios siempre nos está sintonizando, afilando, desarrollando. Quiere cumplir todas sus promesas y propósitos en nuestras vidas.

Dios comienza con un positivo, y acaba con un positivo. «persuadido de esto, que el que comenzó en vosotros la buena obra, la perfeccionará hasta el día de Jesucristo» (Filipenses 1.6). Jesús no ha regresado todavía, eso significa que Dios no ha terminado contigo. La voluntad de Dios para nosotros es el impulso que se alimenta de una buena obra tras otra.

He estudiado y he conocido a muchos líderes cristianos y en momentos cruciales dicen: «Dios me guió a...». La obediencia a la voluntad de Dios es el GPS en el camino hacia su plan para ti. Jamás permitas que nadie te impida o convenza de no seguir una idea que Dios te haya dado. «No permitas que otros creen tu mundo porque cuando lo hacen, siempre te quedará pequeño» dijo Ed. Cole. ¿Quién está creando tu mundo?

Oswald Chambers nos aconseja: «Acostúmbrate a hablar con Dios de todas las cosas. A menos que cuando despiertes aprendas a abrir la puerta y dejar que entre Dios, funcionarás en el nivel equivocado todo el día; pero si abres la puerta y oras a tu Padre en secreto, todo lo que sea público llevará el sello de la presencia de Dios».

No ores de memoria; ora con el corazón.

Billy Joe Daugherty dijo: «¡No es difícil hallar a Dios! Pero hay una condición: que le busquemos con todo el corazón».

Siempre te meterás en problemas cuando trates de manejar tu vida sin Dios.

2 Crónicas 32.8 dice: «Con nosotros está Jehová nuestro Dios para ayudarnos y pelear nuestras batallas».

Dios, el Guerrero supremo, vive en ti.

Si eres un soldado de Cristo no te preocupes por la opinión pública. Solo tiene que importarte la opinión del Comandante.

Si temes a Dios, no necesitas temer a nada más.

Creo que tenemos que seguir el consejo de Mary Lyons: «Confía en Dios y haz algo».

A Satanás no le importa qué adoramos, siempre y cuando no adoremos a Dios.

Hay mucha gente que pide que el Señor les guíe y luego toman el volante.

Tu relación con Dios durará si Él es lo primero en tu vida.

Mucha gente quiere la bendición de Dios, pero no lo quiere a Él.

Cuando pierdes a Dios no es que se haya perdido. Hay gente que habla de hallar a Dios como si pudiera perderse. La Biblia dice: «Acercaos a Dios, y él se acercará a vosotros» (Santiago 4.8).

Tommy Barnett reflexionó: «Cuanto más profundo cavo, tanto más profundo cava Dios».

Para aumentar el valor, conoce a Dios.

Ora a Dios, diciendo: «Quiero estar en tu voluntad, no en medio».

William Law añadió: «No hay nada que nos separe de Dios más que nuestra voluntad, o mejor dicho, nuestra voluntad es nuestra separación de Dios».

«Dios no aparta a nadie, excepto a quienes están llenos de sí mismos» (D. L. Moody).

La Biblia nos encuentra allí donde estamos y con nuestro permiso nos lleva allí donde debiéramos ir.

Hay libros que nos informan, pero la Biblia nos transforma.

Quien solo lee por arriba la Palabra de Dios nunca llega a tomarle el gusto.

El Salmo 35.27 declara: «Canten y alégrense los que están a favor de mi justa causa, y digan siempre: sea exaltado Jehová, que ama la paz de su siervo».

Nuestro clamor a Dios debiera ser el de Isaías: «Heme aquí, envíame a mí» (Isaías 6.8).

Piensa en las palabras de W. H. Atken: «Señor, toma mis labios y habla a través de ellos; toma mi mente y piensa con ella; toma mi corazón, y enciéndelo con tu fuego».

No solo tenemos que dar lo que tenemos; también tenemos que dar lo que somos para Dios.

Si Dios es todo lo que tienes, es todo lo que necesitas.

TEN...

Ten sinceridad para poder dormir bien por las noches.
Ten carácter moral como para hacer a la luz lo que harías en la oscuridad.
Ten gratitud como para decir «gracias» por las cosas pequeñas
Ten propósito como para saber por qué, no solo cómo.
Ten perseverancia como para correr toda la carrera que tienes por delante.
Ten paz como para que sobrepase todo entendimiento.
Ten generosidad como para vencer la codicia.
Ten esperanza como para saber que Dios está al mando.
Ten fuerza como para terminar la carrera.
Ten misericordia como para saber que también a ti te hará falta.
Ten devoción como para desarrollar buenos hábitos diarios.
Ten coraje como para saber que Él, que está en ti, es el más grande.
Ten optimismo como para saber que los planes de Dios son bendecidos.
Ten confianza como para saber que Dios dirigirá tus pasos.
Ten expectativa como para estar atento a los milagros de todos los días.
Ten entusiasmo como para vivir con Dios dentro de ti.
Ten obediencia como para saber qué es lo correcto, de inmediato.
Ten rumbo, como para saber cuándo y dónde ir.
Ten conocimiento como para que tu mente se renueve continuamente.
Ten credibilidad como para tener un buen nombre.
Ten generosidad como para dar antes de que te pidan.
Ten compasión como para conmoverte ante la necesidad ajena.
Ten lealtad como para comprometerte con los demás.
Ten compromiso como para no abandonar enseguida.
Ten fe como para agradar a Dios.
Ten alegría como para disfrutar de la vida y de los demás.
Ten paciencia como para permitir que la fe complete su obra en ti.
Ten amor como para darlo a quien lo necesite.
Ten concentración como para decir que no a muchas buenas ideas.

Ten perdón como para nunca dejar que se ponga el sol sobre tu enojo.
Ten sabiduría como para temer a Dios y obedecerle.
Ten responsabilidad como para ser la persona más confiable que conozcas.
Ten confianza y seguridad como para saber que tú y Dios forman la mayoría.
Ten amabilidad como para ayudar pronto a quien sea.
Ten dependencia como para saber que necesitas a Dios.
Ten fe como para saber que cuando caes, ella te levantará.